Nima R. Kam

OPERATION INTEGRATION

Nima R. Kam

OPERATION INTEGRATION

Schamlippenbekenntnisse

&

wie Deutschland an der Realität
vorbei(e)rigiert

Bibliografische Information der Deutschen Nationalbibliothek:
Die Deutsche Nationalbibliothek verzeichnet diese Publikation in der Deutschen Nationalbibliografie; detaillierte bibliografische Daten sind im Internet über dnb.dnb.de abrufbar.

© 2017 Nima R. Kam
Herstellung und Verlag: BoD – Books on Demand, Norderstedt.

Inhaltsverzeichnis

Cui bono?

(Wer ist der Nutznießer?)

Cicero

VORWORT

Wir sind die schweigende Masse der Ausländer, die kein Gehör in den Medien findet. Alle reden über uns, ab keiner mit uns. Dabei könnte die deutsche Politik sehr viel über Integrationsprobleme von uns lernen.
Die Wundpflasterpolitik ist bezüglich der Integration vergebene Mühe aller Bundesregierungen. Doch auch unsere Sichtweise wurde durch die Flüchtlingskrise zwangsweise verändert. Wo drückt der Schuh? Wo mangelt es? Was sind die Illusionen der deutschen Politik?

Wieso sollte heute etwas funktionieren, was bereits früher schon nicht funktioniert hat?
Sollte die deutsche Politik nicht zuerst mit uns über Integrationsprobleme reden, bevor sie wieder Entscheidungen für zukünftige Generationen trifft, die dann von denen wiederrum in Zukunft gelöst werden müssen?

Ich fühle mich genötigt und meiner Schweigekraft beraubt, wenn ich sehe und höre, wie die Flüchtlingskrise alles überschattet und wie über uns Ausländer gesprochen und berichtet wird. Wer vertritt die Interessen von uns Alt-Ausländern?

Mit Alt-Ausländern meine ich Ausländer, die zwischen 20-70 Jahre alt sind und mehr als die Hälfte ihres Lebens in Deutschland gelebt haben. Sind wir Alt-Ausländer dazu verdammt, nur Däumchen zu drehen? Sollten wir uns zurücklehnen und sagen, dass Deutschland selbst schuld am Chaos ist? Dies erscheint mir zu wenig. Deshalb will ich unsere Sicht erläutern.

In letzter Zeit haben mich die Ereignisse in Deutschland nachdenklich gestimmt. Deutschland ist ins Taumeln geraten. Die Weltlage hat sich seit 2001 wesentlich geändert und die Folgen bekommt auch Deutschland zu spüren.

Langsam festigt sich bei mir der Eindruck, dass es nicht mehr das Land ist, das ich ins Herz geschlossen habe. Die schleichenden Veränderungen führen immer mehr zu Rissen in unserer Gesellschaft, die für sehr viele Bürger ein großes Problem darstellen. Als dann die Integrationsthematik erneut aufgekochte, wusste ich, dass ich handeln sollte.
Ende 2015 fasste ich den Entschluss, dieses Buch zu schreiben. Aus meiner Sicht summierten sich zu viele Fehlentscheidungen in einer zu kurzen Zeit aufeinander. Vor allem fehlte mir komplett die nicht unbedeutende Sichtweise vieler Alt-Ausländer.

Während des Schreibens kam mir immer wieder der Gedanke, dass Deutschland nicht physisch, sondern psychisch erkrankt ist. Deutschland ist im Begriff, alte Fehler neu zu machen.
Ich habe diesem Land so viel zu verdanken - im Positiven wie im Negativen. Deshalb tut es mir unendlich leid, wenn ich sehe, wie planlos mit der Integrationsthematik umgegangen wird. Aus meiner Sicht lacht sich Deutschland unnötige Probleme für die Zukunft an, die es nicht lösen kann und über die es ebenso nicht lachen sollte.

Das Herz scheint größer zu sein als der Verstand.

In diesem Buch benenne ich bestehende Probleme, von denen Alt- und Neu-Ausländer betroffen sind. Ich bin kein Politiker. Ich bin nur ein Bürger dieses Landes, der sich so seine Gedanken macht. Meine Gedanken rühren aus meinen Erfahrungen als Immigrant in Deutschland. Die Integrationsproblematik ist sehr umfangreich und würde wahrscheinlich mehrere Buchbände lang sein.

Ich versuche es mit einem einzigen Buch und hoffe, dass Sie trotzdem meinen Gedanken folgen können.

Der Zeitfaktor

Ich darf als Ausländer folgendes sagen, ohne rechtsradikal zu sein:
Deutschland macht einen großen Fehler, zu viele Ausländer aus verschiedensten Regionen der Welt aufnehmen zu wollen! Es sind einfach zu viele Menschen in einer zu kurzen Zeit nach Deutschland gekommen bzw. geflüchtet.

Wenn Deutschland nicht aufpasst, verlieren sie die Zustimmung der Alt-Ausländer, denn diese werden sich denken, dass sie sich die Mühe für eine Integration hätten ersparen können. Sie sehen ja, wie mit Flüchtlingen und Neu-Ausländern verfahren wird. Die meisten Alt-Ausländer reisen unweigerlich zurück in ihre Vergangenheit und sehen die eigenen Anfänge vor Augen. Dabei wird ihnen auffallen, dass sie kaum Hilfe erhielten. Natürlich ist es ein Fortschritt, wenn Neuankömmlingen geholfen wird. Dennoch fragen sich Alt-Ausländer, wie es mit ihnen und ihren Kindern weitergehen soll, denn die Mittel sind ja nicht unbegrenzt und für jeden verfügbar.

Bei den ganzen Diskussionen habe ich leider kaum Stellungnahmen zum Thema „Flüchtlingsproblematik und Integration" seitens der hier lebenden Alt-Ausländer im Fernsehen gesehen oder Zeitung gelesen. Und dabei habe ich mich in den letzten zwei Jahren sehr viel mit Alt-Ausländern aus verschiedensten Ländern unterhalten. Meine Gesprächspartner kamen aus Ländern wie Kroatien, Bosnien, Griechenland, Eritrea, Türkei, Polen, Frankreich, England, Italien, Tunesien, Marokko, Norwegen, Iran und ein paar anderen Nationen. Natürlich ist dies nicht repräsentativ und unterliegt keiner empirischen Forschung.

Es war auch nicht so, dass ich immer auf die Leute zuging, um zu erfahren, wie sie die aktuelle Situation beurteilten. Oft ergab es sich einfach so im Laufe des Gesprächs. Ja, mehr noch: es platzte aus ihnen einfach so heraus!
Egal ob in der Bahn, in der Brötchen-Schlange oder bei der Espresso-Bar, geschweige denn am Tresen bei einem Bierchen.

Ausgelöst durch die Attentate und Anschläge in Europa hat das Thema „Flüchtlingskrise" für viele Menschen den Sprung vom Stammtisch ins Wohnzimmer geschafft. Viele Deutsche werden in ihrem alltäglichen Leben zwar kaum direkt mit Anschlägen und Flüchtlingen konfrontiert, dennoch fühlen sie eine Gefahr, die auf sie zurollt. Sie denken, dass es nur eine Frage der Zeit ist, bis es sie selbst trifft. Solch eine Befürchtung, wenn auch irrational, sollte Deutschland sehr ernst nehmen! Denn in einer Demokratie haben auch Dumme und Ungebildete das gleiche Stimmrecht wie Schlaue und Hochgebildete. Ach, ich mache es Ihnen ganz deutlich: Zehn Ungebildete überstimmen neun Professoren! Da kann noch so viel Aufklärung betrieben werden. Der einfache Mann braucht einfache Antworten und Lösungen. Traurig, aber wahr.

In dieser Zeit sieht man weltweit immer mehr Regierungschefs, die mit einfachen Slogans an der Spitze regieren. Dabei spielt es keine Rolle, ob sie regieren oder von der Macht erigiert sind. Den Bürgern ist eigentlich egal, wer gerade regiert. Hauptsache, sie werden von der Regierung in ihrem Alltagsleben nicht gestört. Doch mit dieser Einstellung hat sich die westliche abendländische Gesellschaft mehr dem islamischen Denkmuster angenähert, als dem ein oder anderen lieb und bewusst ist.

Es ist doch immer so: Sobald es einen selbst betrifft, fängt man an, sich für Politik zu interessieren. Manch eine(r) wird sogar selbst politisch aktiv. Und siehe da: den meisten Ausländern geht es genauso!

Alle Freiheiten, die wir in Deutschland genießen, sind nicht einfach vom Himmel gefallen. Dafür haben Generationen gestritten und gekämpft. Wir sind sozusagen nur die Nutznießer. Das müssen auch wir, die Ausländer, anerkennen und respektieren. Sonst wären wir heute vielleicht gar nicht hier. Wir können uns nicht nur die Rosinen aus der deutschen Gesellschaft herauspicken und uns ansonsten in eine Parallelgesellschaft zurückziehen. Damit meine ich nicht, dass Ausländer ihre Wurzeln verleugnen und vergessen sollen. Aber: ich muss nicht meine Kultur und Religion auf deutschen Straßen ausleben. Das gebietet sich schon nicht aus Respekt und Anstand.

Das sollten Ausländer eigentlich weitaus besser nachvollziehen können als Deutsche. Denn Begriffe wie Respekt, Anstand, Ansehen und Ehre werden in vielen Gesellschaften weltweit erheblich höher eingestuft und stärker gewichtet als in Deutschland.

Dies ist besonders in der muslimischen Welt der Fall. Benehmen sich Ausländer muslimischen Glaubens daneben oder werden gar kriminell, dann wissen sie nur allzu gut, dass sie kein toleranteres Land als Deutschland hätten finden können. Würden in den Heimatländern der Flüchtlinge und Ausländer die Familie, die Nachbarschaft und vielleicht sogar der Staat mitbekommen, dass Frauen begrabscht oder ihnen gar Schlimmeres angetan werden würde, so wären sie sofort Ausgestoßene und sozial Geächtete oder säßen im Gefängnis.

Doch hier in Deutschland mit seiner Unpersönlichkeit, Wegguckern und Wegduckern sind diese Straftaten möglich. Vielleicht, weil die Bürger mittlerweile abgestumpft sind. Keiner demonstriert, wenn wieder einmal in Deutschland eine Studentin nachts in die Büsche gezerrt und vergewaltigt wird.
Es ist ja nichts Sensationelles mehr.
Diese Nachrichten locken keine Sau hinterm Sofa hervor.

Natürlich gibt es auch in muslimischen Ländern Kriminelle. Aber deren nationale Strafgerichte sind ungemein härter. Allein die Gefängnisse dieser meist muslimischen Länder sind Folter genug und lassen so manchen Straftäter aufgrund seiner bevorstehenden Gefängnisstrafe zum Flüchtling werden. Kein Vergleich zum deutschen „Hotel-Knast", wo es sauberer ist als in vielen Wohnungen und man ein recht angenehmes Leben führt inklusive Gratis-Leistungen wie Fitness-Studio, Sky-Fußball-TV, Ausbildung, Schulabschluss oder Umschulung und Krankenkasse.
Der deutsche Knast ist ein absoluter Witz für viele kriminelle Ausländer. Das stellt für sie nun wirklich keine harte Bestrafung dar.
Ganz im Gegenteil! Es wirkt auf sie eher lächerlich! Einzig der Bruch daheim mit der Familie trifft diese überwiegend jungen Männer weitaus hart.

Eigentlich hätte Deutschland seit Jahren eine organisierte Zuwanderung mit entsprechenden Gesetzen gebraucht. Nun ist dringend Eile geboten: die Zuwanderungspolitik muss neu ausgerichtet werden, um das Vertrauen vieler Bürger zurückzugewinnen. Manche Ideen, Konzepte und Pläne stammen noch aus den 90gern.

Deutschland muss diesbezüglich härtere Kanten zeigen und den Kuschelkurs mit sogenannten Kleinkriminellen beenden! Diese Kriminellen aus dem Ausland sind einen ganz anderen Umgang mit Polizei und Justiz gewohnt.

Seit Herbst 2015 erlebt Deutschland durch die Einreise von illegalen Flüchtlingen einen kompletten Kontrollverlust. Sogar Personen, die im Fahndungssystem bzw. Fahndungsregister ausgeschrieben waren, wurden nicht ausführlich überprüft. Daraus folgt, dass Behörden und Polizei heute gar nicht wissen, wie viele gesuchte Verbrecher und Terroristen nach Deutschland bis dato eingereist sind. Die Zahlen, die in den Medien und von Behörden erwähnt werden, beruhen auf Schätzungen, weil Deutschland den Flüchtlingsstrom nie unter Kontrolle hatte.

Die meisten Flüchtlinge im Jahr 2015 kamen aus Syrien, Afghanistan, den Balkanstaaten und dem Irak. Zumindest hätte Deutschland rechtzeitig reagieren können und sogenannte Flüchtlinge aus den Balkanstaaten unverzüglich abweisen müssen. Doch bis klar war, dass die Balkanstaaten offiziell als sichere Herkunftsländer eingeordnet werden, war das Kind schon längst in den Brunnen gefallen.
Die Zahl der Wohnungs- und Hauseinbrüche ist in den letzten Jahren dramatisch gestiegen. Osteuropäische Banden, die keine Flüchtlinge im eigentlichen Sinne sind, nutzen die Situation in Deutschland aus. Nun muss sich die deutsche Politik seit neuestem mit dem Problem beschäftigen, Staaten wie Algerien, Marokko und Tunesien als sichere Herkunftsländer einzustufen. Erst dann könnte eine Abschiebung erfolgen.

Wohlgemerkt: könnte!

Wenn Deutschland bei der Flutkatastrophe solange zum Handeln gebraucht hätte, wären ganze Landstriche und Häuser heillos zerstört worden. Natürlich kann postmortal erklärt werden, warum Entscheidungen so lange dauern oder warum bis jetzt vieles nicht klappt. Doch die verlorene Zeit ist hier der entscheidende Faktor. Die Zeit bringt niemand zurück. Deutschland muss wesentlich handlungsschneller werden und darf sich mit seinen eigenen Gesetzen nicht länger selbst im Wege stehen.

Es wurde zwar verkündet, dass „nur" 890.000 Flüchtlinge seit Beginn der offiziellen Flüchtlingskrise nach Deutschland eingereist sind, aber niemand kennt genauere Zahlen und somit die Dunkelziffer. Vielleicht klingt die Zahl für manche nicht sehr hoch. Dennoch befürchtet die deutsche Bevölkerung, dass es nicht dabei bleiben wird.
Das statistische Bundesamt führte den Anstieg der Geburtenrate auf ausländische Frauen zurück. Des Weiteren wird die Zahl der Neu-Ausländer noch weiter steigen, wenn man den Familiennachzug einberechnet. Ich bin weder Mathematiker und geschweige denn Statistiker. Zurzeit ist schon jeder Neunzigste Mensch in Deutschland offiziell ein Neu-Flüchtling. Wenn nur eine einzige Person im Durchschnitt jeweils zu seinem geflohenen Angehörigen hinzuzieht – sei es durch Familiennachzug oder Heirat - verdoppelt sich die Zahl. Falls Sie die natürliche Fortpflanzung miteinbeziehen, dann können Sie diese Zahl noch höher ansetzen.
Bei einer Bevölkerungszahl von etwa 80 Millionen Einwohnern in Deutschland würde das dann bedeuten, dass ca. jeder Vierzigste, den Sie auf der Straße sehen, ein Neu-Flüchtling sein wird. Hierbei lasse ich die Alt-Ausländer und andere Ausländer bewusst außen vor.

Die deutsche Politik bemängelt, dass Europa nicht gewillt ist, 1 Million Flüchtlinge unter seinen 500 Millionen Bürgern zu integrieren. Zumindest wird es in den Polit-Diskussionen immer so dargestellt. Dabei frug ich mich, wie es denn sein kann? Deutschland alleine hatte doch schon annähernd 1 Million Flüchtlinge aufgenommen und wird weiterhin noch viele aufnehmen. Also kann diese Berechnung seitens der deutschen Politik nicht stimmig sein! Vielleicht haben die Bürger keine Ahnung von der Politik.
Aber sie können dennoch rechnen.

Gewiss würden Sie jetzt sagen, dass es nicht so kommen wird. In einer lebhaften Demokratie habe ich gelernt, diese Meinungen zu respektieren und zu akzeptieren - wenn Sie es denn ebenso tun!
Die deutsche Politik behauptet zwar, dass schätzungsweise 500.000 Flüchtlinge wieder zurückgeschickt werden müssen, doch die Verantwortlichen wissen jetzt schon, dass 80 Prozent gar nicht abgeschoben werden können. Aber lassen Sie uns mal ehrlich sein: Sind Sie wirklich der Meinung, dass so viele wieder in Ihre Heimatländer zurückkehren und ihr gerade neu aufgebautes Leben hinter sich lassen? Denken Sie, dass weiterhin keine neuen Flüchtlinge ihr Glück in Deutschland suchen werden?
Erst wenn ein Urteil über eine rechtmäßige Abschiebung auf dem Tisch ist, merkt die deutsche Regierung, dass Umsetzung und Durchführung einer Abschiebung nicht so leicht sind. Die wenigsten Herkunftsländer wollen einen der ihren zurück. Warum sollten die Herkunftsländer das auch wollen?! Deutschland flüchtet sich bezüglich der Abschiebungen abgelehnter Flüchtlinge und Asylanten in die Zukunft.

Somit weiß die deutsche Regierung eigentlich schon vorab, dass diese Maßnahmen nicht die nötige Konsequenz nach sich ziehen werden. Deshalb können die Kritiker weiterhin behaupten, dass „außer Spesen nichts gewesen" ist. Die Verantwortlichen vertrösten aufs Neue ihre Bevölkerung auf die Zukunft.
Zumindest hofft das die deutsche Bundesregierung.

Aber lassen Sie mich folgendes sagen:
Die Heimat der Hoffnung liegt immer in der Zukunft!
Diese großangekündigte Abschiebemaßnahmen werden letzten Endes wenig bringen, weil sich Deutschland mit seinen Gesetzen selbst im Weg steht bzw. sich selbst ein Bein stellt. Nach einer Abschiebeandrohung werden alle rechtlichen Hilfsmittel gegen die Abschiebung eingesetzt. Bis mit einem endgültigen Urteil und deren Umsetzung gerechnet werden kann, wird viel Zeit vergehen.

Die deutsche Bevölkerung will keine Relationspolitik mehr wie „...was sind schon 1 Millionen Flüchtlinge zu ein paar Attentätern...." Man möchte wieder so leben können wie früher. Keine Angst mehr verspüren, wenn man in großen Menschenmassen steht. Sich nicht ständig fragen müssen, wie gefährdet man ist.
Dabei ist es vielen gleichsam egal, was dafür gemacht werden muss. Falls die Alt-Parteien dieses Gefühl der Sorglosigkeit nicht wieder im Land herstellen können, wird nach anderen Wegen gesucht werden, um den früheren unbekümmerten Zustand zurückzubekommen. Hierbei vermeide ich bewusst das Wort „Alternative".
Die deutsche Regierung und die Verantwortlichen müssten es eigentlich besser wissen.
Eigentlich.

Deutschland regiert an der Realität vorbei

Lassen Sie mich kurz folgendes Beispiel mit Ihnen durchspielen:
Stellen Sie sich vor, dass Deutschland für die Zukunft die richtigen Lösungen und Antworten findet. Die Weichen sind hervorragend gestellt. Die Integration der Neuankömmlinge fährt auf nagelneuen und blitzenden Schienen mit Höchstgeschwindigkeit in eine rosige Zukunft. Es läuft alles so toll, dass sich die deutschen Bürger fragen und wundern, wie es damals überhaupt Probleme mit neu zu integrierenden Menschen geben konnte.
Aber was macht Deutschland mit seinen „Altlasten"? Was ist mit den Integrationsresistenten? Was ist mit den Menschen, die jahrzehntelang im System untergegangen sind und sich nach und nach in ihre Kokons zurückzogen haben?

Genau hier liegt das Problem!

Deutschland muss besonders für diese Personen eine Lösung liefern. Die integrierten Alt-Ausländer haben zumindest gelernt, dass man dem deutschen Staat mit deutschen Gesetzen begegnen muss. Auch wenn die Polizei eine Kundgebung lieber verbieten möchte, wird auf Grundgesetz und Versammlungsfreiheit verwiesen.
Wenn sich Politiker wieder einmal öffentlich äußern, ob ein Burkaverbot, Nikapverbot oder Burkiniverbot beschlossen werden soll, wissen die Juristen schon aufgrund ihrer Studienzeit, dass spätestens das Bundesverfassungsgericht die Gesetze wieder einkassieren wird, weil es gegen die Grundrechte verstößt. Solche populistischen Gedankenspiele und Diskussionen sind scheinheilig und völlig sinnlos!

Man kann ebenso in Anbetracht dieser Integrationsdiskussion noch tausendmal „Wir schaffen das" und „...wo etwas im Wege steht, da müssen wir das überwinden..." gebetsmühlenartig herunterbeten. Es bringt nur leider nichts, wenn man einfach an der vermeintlichen Lösung vorbeigeht. Es bringt ebenso wenig darauf hinzuweisen, dass „sehr viel Geld in die Hand genommen worden" sei.

Die grundlegende Frage ist doch, ob die Integrationspläne überhaupt Aussicht auf Erfolg haben. Diese Scheckbuch-Politik dient ansonsten nur zur Beruhigung der eigenen Bürger und des eigenen Gewissens.

Viele Alt-Ausländer kennen dieses Dilemma.

Sie wissen aus eigener Erfahrung, dass es gar nicht so einfach ist, nach langem Aufenthalt in Deutschland wieder zurück in die eigene Heimat zu reisen. Fast alle, die ich kenne, berichten mir in ähnlicher Form davon.

Nach langem Aufenthalt im Ausland – bzw. Deutschland - behaupten die Menschen aus der Heimat, dass man keiner mehr von ihresgleichen sei und nach Deutschen „riechen" würde. Getreu dem Motto: Wenn man eine lange Zeit in Wäldern lebt, mutiert man zwar nicht zu einem Wilden, dennoch nimmt man zwangsweise den Duft der Wildnis an.

Glauben Sie nicht, dass man immer in seiner ursprünglichen Heimat mit offenen Armen erwartet wird! Man spürt manchmal plötzlich am eigenen Leib eine Mischung aus Neid, Missgunst und Schadenfreude.

Jetzt kommt der Geflohene oder vielleicht der Auswanderer mit gefüllten Taschen zurück und will auch noch ein Stück vom Minikuchen? Schließlich hat der Geflohene nichts dazu beigetragen, dass das Land wieder befriedet und aufgebaut worden ist.

„…Die haben ihre Köpfe nicht auf den Straßen riskiert und sich ihre Hände beim Aufbau dreckig gemacht. Die da haben lediglich mit Abwesenheit geglänzt!"

Es ist ja nicht so, dass niemand in seine Heimat zurückkehren möchte. Aber die Alt-Ausländer haben sich schon zu sehr an Deutschland gewöhnt. Dabei haben sie zum Teil unbewusst viele alltägliche Dinge sich angeeignet – von „nur bei Grün" fahren und über die Straße gehen, sich anschnallen, TÜV, „eine ordentliche Schlange bilden" bis über „in einer Reihe stehen" usw.

Eine Grundschullehrerin sagte einmal zu mir, dass der Mensch ein Gewohnheitstier sei. Über das, worüber er sich heute aufrege, verliere er in ein paar Tagen kein Wort mehr.
Warum?
Weil er sich daran gewöhnt hat!
Das wissen Sie doch selbst.

Wir regen uns über gestiegene Lebensmittelkosten, Benzinpreise, Wohnungsmieten und vieles mehr auf. Dennoch konsumieren wir und leben einfach weiter, da es ja ansonsten einfach nicht weiter gehen würde. Wir wissen doch alle, dass die Preise eigentlich nie mehr fallen werden, sondern nur die eine Richtung, nämlich nach oben, kennen. In unserem Innersten wissen wir genauso schlichtweg, dass wir uns an alles gewöhnen müssen.

Wir Alt-Ausländer in Deutschland haben den Eindruck gewonnen, dass es einen neuen Staat für uns geben müsste. Einen Staat, dessen Bevölkerung keine Deutschen sind, aber ebenso keine richtigen Ausländer. Es ist schwierig zu erklären: Wir Alt-Ausländer „riechen" zwar nach Deutschen, aber sind keine.

Lupenreine Ausländer sind wir gleichsam ebenso nicht, denn wir denken deutsch. Die Latte des Deutschen hängt für uns zu hoch, als dass viele von uns drüber klettern könnten.

Die Latte des Ausländers hängt dagegen für uns zu tief, als dass viele von uns drunter klettern wollen.

Ergo stecken wir irgendwo in der Mitte fest.

Die deutsche Politik riskiert die gesellschaftliche Stabilität

Ich höre unterschwellig bei Alt-Ausländern eine brodelnde, wachsende Wut heraus, die auf Dauer explodieren wird. Die Alt-Ausländer dürfen nicht in eine Situation kommen, in der sie denken, dass sich an ihrer Lage sowieso nichts ändern wird.

Generell neigt der Mensch zu unüberlegten Handlungen, wenn er ein Gefühl von Machtlosigkeit verspürt. Die einen ziehen sich zurück und die anderen preschen nach vorne. Oder anders formuliert: der eine bläst zum Rückzug während der andere zum Angriff bläst. Heutzutage nennen es die Experten „Radikalisierung“.
An sich ist das keine Neuerscheinung. Solche menschlichen Emotionen schlummern in jedem von uns. Ich bekomme nur immer mehr den Eindruck, als ob die Politiker den Problemen, die es schon immer gab, einfach ein neues Etikett verpassen. Diese werden dann so vermarktet, als ob es sowas noch nie gegeben hätte.

Wissen Sie, man kann einem Esel immer wieder neue Namen geben – trotzdem bleibt es ein Esel.

Unsere Gesellschaft ist so wie sie ist. Damit muss der Staat zurechtkommen. Die Politik kann und soll nur Rahmenbedingungen schaffen. Die Bürger haben das Gefühl, als ob der Staat nicht nur Rahmenbedingungen schaffen möchte, sondern sie in ihre ausgedachten Rahmenbedingungen reinzwingen wolle.

Die Bevölkerung, dazu zähle ich genauso die Alt-Ausländer, hat immer mehr den Eindruck, dass „die da oben" sowieso ihr eigenes Süppchen kochen. Doch falls wirklich eine schwierige Situation Premiere feiern sollte: Woher kann der Staat schon passende Antworten haben?

Meiner Meinung nach sollte nicht der Staat die besten und passenden Antworten geben, sondern diese Antworten ebenso mit seinen Bürgern abgleichen. Auch wenn tatsächlich der Staat die besseren Lösungen hat, bringt es nichts, wenn die Bürger nicht gewillt sind, mitzuziehen. Die Politiker im Bundestag haben einen Eid abgelegt, der sie dazu verpflichtet, dem Gemeinwohl zu dienen und Schaden vom Volk abzuwenden.

Doch hier beißt sich die Katze in den eigenen Schwanz. Denn wenn Politiker selbst bestimmen, was das Wohl der Bürger ist, ohne auf diese zu hören, kann man nicht in öffentlichen Statements erklären, dass man die Sorgen der Menschen ernst nimmt und trotzdem einfach weitermachen.
Es ist ebenso das Recht eines jeden Bürgers, in einer Demokratie Angst, Sorgen und Furcht zu verspüren. Auch wenn er sagen sollte, dass er stolz darauf ist, Angst, Sorgen und Furcht zu haben, so muss man das hinnehmen.

Vielleicht wollen die deutschen Bürger ihre Bedenken gar nicht ablegen und besiegen. Ein kranker Patient darf ja auch eine eigentlich notwendige Behandlung ablehnen, wenn er diese nicht möchte. Dabei ist es gleichsam egal, ob 99 andere diese Behandlung haben ausführen lassen.

Wenn Deutschland mit seiner Integrationspolitik Erfolg haben möchte, dann geht es nur durch Zusammenhalt, realistisch sinnvollen Konzepten und mit viel Geduld. Doch wie soll man zusammen und mit Geduld an etwas arbeiten, wenn die Machthaber sich von den Bürgern immer mehr abwenden? Die Menschen in Deutschland können über Begriffe wie Konjunktur, sinkende Arbeitslosenzahlen, steigende Steuereinnahmen, Europa, Terror und Konflikte etc. entweder nur noch lachen oder schlimmer: nur noch abkotzen.

Der Grund liegt auf der Hand: Für den Bürger sind Begriffe wie Griechenland-Krise, arabischer Frühling, Immobilienblase, Mietpreisbremse, Lohndumping oder Flüchtlingsabkommen nebulöses „Fata Morgana"-Jargon.
Die Bürger wollen und können sich darunter kaum etwas vorstellen. Sogar wenn: was bringt es ihnen?
Es ist nicht besonders verwunderlich, wenn den Menschen erstmal außer einer Protestwahl nichts anderes übrigbleibt.
Doch wenn der Protest zur Routine wird, dann ist das Problem keine bloße temporäre Erscheinung mehr. Die deutsche Regierung verhält sich so, als ob Deutschland eine harmlose Erkältung hätte, vielleicht ein wenig erhöhte Temperatur, aber in ein paar Tagen wieder auf den Beinen wäre. Doch wenn Deutschland nicht aufpasst und Bürger, Alt-Ausländer und Protestwähler links liegen lässt, wird diese vermeintliche Erkältung zu einer Etagen-Wanderung führen, so dass das ganze System betroffen und erkranken wird.
Die deutsche Regierung betreibt eine Art Pflasterpolitik. Wenn das Land blutet, wird ein Riesenpflaster ausgepackt und einfach auf die Wunde geklebt. Das Pflaster ist selbstverständlich wasserabweisend. Das ist ja das Mindeste. Das würde eine gute Mutter ebenso machen.

Aber ich frage Sie:

Wäre es nicht viel besser, wenn die deutsche Regierung die Situation gar nicht so weit kommen lassen würde? Eine Mutter würde jetzt sagen, dass man sein Kind nicht vor allen Sachen beschützen könne und dass das Kind seine eigenen Erfahrungen machen müsse. Auch das stimmt. Deutschland ist aber kein Kind, das irgendwann erwachsen wird. Es ist ein Staat mit über 80 Millionen Einwohnern.

Die Pflicht eines jeden Staates und dessen Regierung ist es, mit Weitsicht zu agieren.

Die jetzige deutsche Regierung wird natürlich sagen, dass sie mit Weitsicht handelt und dass man die Ergebnisse erst in Zukunft sehen wird. Aber wie definiert man die kurzfristige, mittel- und langfristige Zukunft? Aus der Politik würde zu hören sein, dass dieses oder jenes noch vor uns liege und die notwendigen Schritte bereits eingeleitet seien.

Wissen Sie: Die Zukunft der Vergangenheit ist die Gegenwart und die Vergangenheit der Zukunft ist ebenso die Gegenwart.

Unser aller Leben findet permanent nur auf der Schnittstelle zwischen Vergangenheit und Zukunft statt. Bei diesem Seiltanz versucht der Mensch so lange wie möglich oben auf dem Seil bzw. in der Gegenwart zu bleiben. Wenn er zu fallen droht, dann möchte er zur Seite der Zukunft fallen, weil die Hoffnung dort zu Hause ist. Die deutsche Regierung macht zurzeit auf diesem Seil einen Eiertanz und hechtet bei jeder Frage mit einem Seemannsköpper in Richtung Zukunft.

Doch die Bevölkerung möchte Fragen zur Gegenwart beantwortet wissen.

Ich kann ja auch nicht das Finanzamt auf die Zukunft vertrösten und erklären, dass ich Maßnahmen ergriffen habe, die in Zukunft all derer Fragen beantworten werden.

Aufgrund der aktuellen Weltlage steigt die Zahl der Migranten immer mehr an. Logischerweise brennt die Flüchtlingskrise der deutschen Bevölkerung unter den Nägeln. Fragen Sie mal einen Alt-Ausländer, ob er so einfach vor 20, 30 oder 40 Jahren nach Deutschland gelangen und hier leben konnte. Ich bin mir sicher, dass dies beim Befragten oft ein Schmunzeln hervorrufen wird. Mitnichten konnte man einfach so zu Fuß über die Grenze gelangen. Ohne reguläre Papiere erreichte man gar nichts!

Man bekam von Zollbeamten und Grenzkontrolleuren nicht mal einen Arschtritt.

Es ist verständlich, dass Deutschland über die Anzahl der Flüchtlinge vielleicht schockiert war. Doch das grenzt für mich an grobe Fahrlässigkeit. Manch einer könnte genauso gut sagen, dass die deutsche Regierung Grenzübertritte ohne gültige Papiere billigend in Kauf genommen hat. Keiner kann der Bevölkerung glaubhaft erklären, dass die verschiedenen nationalen, europäischen und amerikanischen Geheimdienste der deutschen Regierung nicht gemeldet hätten, dass eine riesige Flüchtlingswelle auf Deutschland zurollt. Niemand kann behaupten, dass man diese Krise nicht voraussehen konnte. Diese Krise war sogar mit Ansage! Was hat die deutsche Regierung denn gedacht?

Haben die Verantwortlichen gedacht, dass die meisten Flüchtlinge woanders hinwollten und Deutschland nur als Transitland benutzen würden? Vielleicht sind die Verantwortlichen davon ausgegangen, dass sich der Strom der Flüchtlinge in Luft auflöst.

Es musste jedem klar sein, dass kein Flüchtling in ein Land möchte, das einem nicht hilft. Deutschland ist halt in der Lage, sehr viel zu helfen. Soviel Geld, wie einem hier als Flüchtling zur Hilfe steht, findet man nicht allzu oft in Europa.

Ich gebe Ihnen mal ein kleines Beispiel. Es ist wie bei einem Seebeben vor der Küste. Das Epizentrum ist zwar wo anders, aber den anschließenden Tsunami kriegen die Menschen trotzdem ab. Manche trifft es heftiger als andere. Berechtigterweise wird immer wieder nach Vorkehrungen gefragt und warum die Verantwortlichen diesen Tsunami trotz sehendes Auges nicht aufhalten konnten?
Bei Naturkatastrophen wie einem Erd- oder Seebeben kann man keine Pläne zur Vermeidung entwerfen. Gleichwohl kann man sich darauf vorbereiten und versuchen, die Schäden so gering wie möglich zu halten.

Die deutsche Regierung war viel mehr mit der Stabilisierung der virtuellen Finanzwelt als mit der Rettung der realen Welt beschäftigt.
Wieso wurden erst Maßnahmen beschlossen, als die Flüchtlingswelle an der ungarisch-österreichischen Grenze ankam? Die Kanzlerin hat es auf den „humanitären Imperativ" ankommen lassen!

Die Befürchtung der Bevölkerung, dass nicht nur Kriegsflüchtlinge nach Deutschland gekommen sind, hat sich leider bewahrheitet. Fluchtwillige aus verschiedenen Ländern haben die Gunst der Stunde genutzt und sind mit auf den Zug gesprungen. Das haben wir an den nordafrikanischen Flüchtlingen gesehen. Unter anderem kamen Menschen aus Staaten wie Bangladesch, Pakistan und dem Iran zu uns. Soweit ich weiß, herrscht dort kein Krieg, aber es bot sich eine einmalige Gelegenheit in diesem Chaos sein Glück beim Schopf zu packen. Ich behaupte ja nicht, dass die Menschen vor Ort tolle Verhältnisse hatten. Dennoch verhoffen sie sich in Deutschland bzw. Europa größere Chancen zum privaten Glück. Es ist aber das eine, wenn „Bomben" vom Himmel regnen und etwas anderes, wenn man unzufrieden mit dem politischen System ist und in seiner persönlichen Freiheit eingeschränkt wird.

Deutschland darf sich nicht wundern, dass man mit der gezeigten Haltung in Europa alleine dasteht. Wir ernten gerade Dank dem Alleingang Deutschlands bezüglich der Flüchtlingskrise die jeweiligen Früchte. Die Früchte schmecken nach Isolation. Deutschland muss zur Kenntnis nehmen, dass es keine Hilfe aus Europa erwarten kann. Deutschland hat mit seinem Handeln in der Flüchtlingskrise geltendes europäisches Recht, sprich Dublin-Abkommen gebrochen.

Andere europäische Staaten hatten übereinstimmend ablehnende kritische Ansichten über die Flüchtlingsthematik gehabt, weil aus den jeweiligen Bevölkerungen kein Rückhalt zu verspüren war. Doch sie haben mehr oder weniger rechtzeitig Maßnahmen ergriffen. Das ist aber auch nicht sonderlich schwer gewesen, denn Deutschland unternahm ja erst einmal gar nichts.

Angefangen mit Ungarn und den Balkanstaaten haben diese nach und nach ihre wichtigste Aufgabe - das Dublin-Abkommen – eingehalten und ihre Staatsgrenzen gesichert, was ihnen nur in der deutschen Presse große Kritik einbrachte. Diese Maßnahmen waren zunächst maßgeblich entscheidend für den Rückgang der Flüchtlingszahlen. Dass Deutschland sich jetzt mit fremden Lorbeeren schmückt, ist indes nur peinlich.

Als die Kanzlerin zu bedenken gab, dass Deutschland seine über 3700km lange Grenze nicht komplett überwachen könne, konnte ich meinen Ohren nicht trauen. Wie konnte es soweit kommen? Wo war der Bundesgrenzschutz?

Ich denke nicht, dass ich mit dieser Frage alleine dastehe! Der demokratische Imperativ wäre, dass die Regierung und die Parteien nicht nur den Menschen und Bürgern bei ihren Sorgen zuhören, sondern endlich auf diese Sorgen eingehen und Taten in ihrem Sinne folgen lassen.

Die Demokratie ist keine liebevolle Mutter, die weiß, was das Beste für ihre Kind ist, sondern ein manchmal bockiges und eingebildetes Kind, das seiner Mutter sagt, was sie machen soll. Ebenso darf nicht der Eindruck erweckt werden, dass nur Flüchtlinge nach Deutschland gekommen sind, die unsere Werte mit uns teilen. Die Anzahl derjenigen, die zum Beispiel aufgrund der fehlenden Gleichbehandlung der Frau ihr Land verlassen haben, dürfte eher sehr gering sein.

Wenn man sich *nur* auf die Integration verlässt, ist man verlassen!

Es heißt „...die Menstruation sei eine Geschichte voller Missverständnisse."
Aber da ich mich als Mann besser nicht zur Menstruation äußere und mich der Integration widme, sage ich hiermit: Die Integration ist eine Geschichte voller Missverständnisse!

Das Wort Integration wird seit mittlerweile Jahrzehnten nur noch als Slogan benutzt ohne es mit Inhalt zu füllen oder es zu konkretisieren. Die sogenannten Integrationsexperten haben meistens keine direkten Selbsterfahrungen gesammelt, da sie sich noch nie in ihrem Leben in Deutschland integrieren mussten. Dabei muss bei einer Eingliederung in die Gesellschaft Deutschlands anders herangegangen werden als zum Beispiel in den Vereinigten Staaten, Kanada oder Australien. Das liegt zunächst einmal an der speziellen Historie und Sprache.

Deutschland ist entgegen anderer Meinung kein Integrationsland seit jeher gewesen und ist es nach meiner Meinung immer noch nicht. Die Menschen, die nach dem Zweiten Weltkrieg deutschen Boden betraten, wurden aus ihrer alten Heimat vertrieben und mussten sich hier niederlassen. Seinerzeit wurden sie zwar als Flüchtlinge oder Heimatvertriebene bezeichnet, dennoch als gefühlte Deutsche wahrgenommen. Man hatte nach dem Zweiten Weltkrieg überhaupt keine guten Karten, um Flüchtlinge abweisen zu können. Und wen interessiert schon, was im letzten Jahrtausend bzw. Jahrhundert so alles geschah? Besonders diejenigen, die sich gegen eine Integration der heutigen Flüchtlinge aussprechen.

Damit beginnt schon das erste große Problem:
der Blickwinkel!

Die Lage darf nicht nur aus Sicht der Deutschen und Einheimischen betrachtet werden, sondern ebenso aus dem Blickwinkel der Ausländer. Flüchtlinge sind nichts anderes als Ausländer, welche schon seit Jahren hier leben - nur halt nicht so lange. Doch die Aufnahme einer großen Anzahl von Flüchtlingen in kurzer Zeit ist Problem und Herausforderung zugleich.

Ich beschreibe Ihnen mal, wie meine Integration hier in Deutschland in den 80gern ablief.
Kurz gesagt: es gab keine!
Ich sollte einfach an einem bestimmten Datum zu einer bestimmten Uhrzeit am Schultor erscheinen. Meinem Vater wurde von Anfang an seitens der Grundschule klar gemacht, dass ich zurück in die erste Klasse musste, obwohl ich im Iran bereits in die Dritte ging; ganz egal, ob ich schon längst rechnen konnte oder als Ältester überhaupt Anschluss zu den Mitschülern finden würde. Man hätte mich ebenso nur ein Jahr wiederholen lassen können, aber es wurde seitens der Schule einfach so entschieden.
So erschien ich gestriegelt und gebügelt in meinem besten Outfit. Prinz William hätte einpacken können! Aus Sicht meines Vaters hätte die Krönung jetzt beginnen können.
Doch: au contraire! Eine Lehrerin brachte mich und meinen Vater bis zur Tür der Klasse 1B und sagte, dass mein Vater jetzt gehen könne. Als ich die Schulklasse betrat, verstummten alle Kinder plötzlich. Jeder saß bereits an seinem Platz. Der Lehrer saß selbstverständlich ebenso. Wie ich feststellte, hatten alle Kinder große, komisch geformte bunte Tüten bei sich, die mir fremd waren.

Nur meine Wenigkeit stand ohne eine komische Tüte da. Kein Lehrer, nicht einmal der Schulleiter, hatte meinen Eltern etwas von dieser Tradition erzählt. Seitdem weiß ich, dass Schultüten bei jeder Einschulung eine deutsche Tradition darstellen.

Den Kindern war es egal, dass jemand Ausländer war. Aber ihnen war nicht egal, dass ich kein Deutsch sprach. Sie konnten einfach nicht verstehen, dass jemand nicht die deutsche Sprache beherrschte. Ich verstand nur ein paar Brocken. Das Allermeiste musste ich mir über die Körpersprache zusammenreimen. Die Lehrerin setzte mich in die letzte Reihe, so dass ich allen auf den Rücken gucken konnte, aber nicht auf den Mund. Dies erleichterte nicht gerade die Integration sowie das Erlernen der Sprache.

Ebenso erzähle ich Ihnen kein Geheimnis, wenn ich resümiere, dass die Sprache DER Schlüssel zur Integration und gesellschaftlichen Eingliederung ist.

Nun ja, da saß ich nun. Stumm wie ein Fisch und verängstigt wie ein geprügelter Hund. Neben mir saß ein anderer Junge, der mich ansprach und versuchte, mittels Händen und Füßen mit mir zu kommunizieren. Er zeigte auf sich und sagte „Sascha". Ich lächelte, zeigte auf mich und erwiderte „Nima".

Es war eine andere Zeit. Heute würde es bestimmt eine App dafür geben. Aber damals war alles „Old School" und analog. Wie ich feststellte, kannten sich viele Kinder teils schon vom Kindergarten her oder weil ihre Eltern befreundet waren. So mussten sie sich lediglich in der Schule neu integrieren, nicht auf dem Pausenhof. Ich jedoch musste mich in eine vollkommen neue Welt integrieren.

Die Kinder sahen mich wie einen Außerirdischen, ja, wie eine Kuriosität an, weil ich eine ihnen völlig fremde Sprache sprach. Eine Kuriosität, die man besser mit Vorsicht genoss. Und so vergingen Tage und Wochen. Nach einiger Zeit bekam ich mit, wie Mitschüler nach Schulschluss zu ihren Eltern rannten und ihnen erzählten, dass DER da – gemeint war meine Wenigkeit – nicht sprechen kann.
Wie, meinen Sie, haben diese Eltern reagiert? Genau! Überhaupt nicht. Sie nahmen ihre Kinder schnell an die Hand und gingen geschwind weg, als ob ich eine ansteckende Krankheit gehabt hätte.

Wie bei jeder Sprache versteht man zuerst immer mehr als dass man reden kann. So auch ich. Sogar als Kind stellt man sich häufig die Frage, warum man nicht in seinem Heimatland bleiben konnte und ob man nicht doch irgendwann in seine alte Welt zurückkehren könnte.

Doch damals war die Situation nun mal so und man musste sich damit arrangieren. Schon nach den ersten Wochen rief mich die Klassenlehrerin zu sich ans Lehrerpult und sagte zu mir einen Satz, den ich nicht verstand. Dies geschah vor der ganzen versammelten Klasse. Die Kinder hörten mit und fingen an zu lachen. Ich jedoch wäre am liebsten aus der Klasse gerannt und schnurstracks nach Hause gelaufen. So konnte ich meiner Lehrerin nur zu verstehen geben, sie möge doch bitte diesen Satz aufschreiben, damit ich verständnishalber zu Hause im Wörterbuch nachschlagen könne. Dann durfte ich wieder Platz nehmen und den Kindern an ihren Gesichtern ansehen, wie sie über mich lachten; sie hatten ja schließlich den Satz verstanden.
Wie gesagt: Es war ein anderes Zeitalter – ohne Smartphone und ohne Google Translate.

Zu Hause angekommen schlug ich das Wörterbuch „Deutsch – Persisch" auf und übersetzte diesen Satz erst einmal für mich bevor ich damit zu meinen Eltern ging.
Mein Vater stammte aus einer Welt, in dem der Lehrer den Eltern nur etwas ausrichten ließ, wenn man großen Bockmist in der Schule gebaut hatte. Da ich aber nur ruhig in der Klasse gesessen hatte und still versuchte, den Schulalltag hinter mich zu bringen, hatte ich mir nichts vorwerfen.
Aber sicher war sicher.

Doch diesen deutschen Satz und diese unangenehme Situation werde ich mein Leben lang nicht vergessen! Es sei denn, Onkel Alzheimer besucht mich eines Tages. Vor allem werde ich den Gesichtsausdruck der Lehrerin nie vergessen; eine Mischung aus belehrender Arroganz und Vorwurf.

Ihre Worte waren: „Deutsche Sprache, schwere Sprache!"

Eigentlich war dies gar kein richtiger Satz, weil das Verb fehlte! Aber es entfaltete nicht weniger seine große Wirkung. Ich brauche Ihnen nicht zu berichten, dass mir diese Worte von einigen Mitschülern noch eine lange Zeit danach hinterher gerufen wurden. Bei jedem kleinen Fehler, sei es in der Grammatik oder der Aussprache, bekam ich es zu hören. Und wenn nicht, wusste ich, dass sie es zumindest dachten.
Das „Lustige" war für mich, dass ich ja bereits in meiner eigenen Muttersprache Lesen, Schreiben und Rechnen konnte. Doch hier im Land der Dichter und Denker war ich kommunikativ behindert.

Es wäre die einsamste Zeit meines Lebens gewesen, hätte ich nicht meinen Freund Sascha gehabt. Wir waren schon befreundet, bevor wir überhaupt miteinander sprechen konnten. Es war eine situative Kommunikation. Wir lachten über dieselben Sachen, mochten den gleichen Sport und die gleiche Musik, waren gerne draußen spielen, fürchteten dieselben Lehrer und Fächer, liebten dieselben Süßigkeiten, aber zum Glück nie dieselbe Frau.

Nach und nach bekam ich mit, wer eigentlich mein Freund Sascha war. Er war Russe. Ein Kind der Sowjetunion. Auch er beherrschte eine andere Sprache. Er war mit drei Jahren nach Deutschland gekommen. Somit konnte er schon bei der Einschulung fließend Deutsch sprechen. Wir zwei waren die einzigen Ausländer in unserer Klasse. Ich glaube, sogar in der ganzen Stufe. OK, da gab es noch Christoph. Er war Halbfranzose. Aber der Franzose ist für den Deutschen nicht wirklich ein gefühlter Ausländer.

So zumindest meine gefühlte Erfahrung - doch zum gefühlten Ausländer später mehr.

Natürlich lernten sich unsere Väter irgendwann kennen. Beide wollten gerne wissen, mit wem ihre Söhne viel Zeit verbrachten. Ich war baff, als ich plötzlich hörte, wie mein Vater ein paar Sätze auf Russisch hervorbrachte. Eines Tages, als unsere Freundschaft enger war, zeigte Sascha auf sich und sagte „Jude". Mir hat das nicht viel gesagt. Ich wusste nur, dass es eine Religion ist.

Und mir war schon damals klar, dass nicht alle Menschen ein und dieselbe Religion haben konnten.

Der lange Schatten der Vergangenheit

Im Iran gibt es so einige Religionen. Daher überraschte es mich, in Deutschland so wenige Religionen anzutreffen. Zu Hause frug ich nach und wollte wissen, was ein Jude genau sei. Mein Vater lachte.

„Kennst Du noch Salomon?" frug er mich mit einem kleinen Augenzwinkern.

„Meinst Du Onkel Sal?"

„Ja, genau. Er ist mein Freund, seit Kindertagen an. Er ist auch Jude."

Mein Vater erzählte mir dann ausschweifend und in einer blumigen Sprache Anekdoten aus seinem Leben und ich erfuhr, wieviel Freude und Spaß die beiden miteinander früher hatten. Er erklärte mir ein paar Traditionen aus der jüdischen Kultur und meinte, ich solle mir den Rest von Sascha erklären lassen.

Sascha versuchte es.

Doch da mein Deutsch zu diesem Zeitpunkt noch zu wünschen übrig ließ, ging es nur peu à peu. Aufgrund unserer beiden Biographien interessierten wir uns für Politik und Religion, hörten uns gegenseitig gut zu und konnten ganz unbefangen beiderseits Fragen stellen. Ich erhielt durch meine tiefe Freundschaft zu Sascha viele Eindrücke und Einblicke in das Judentum. Sascha und seine Familie hatten viele geliebte Menschen im Holocaust verloren. Solche Geschichten aus den Mündern von direkt oder indirekt betroffenen Menschen hinterlassen wesentlich deutlichere Spuren, als wenn nur Bücher zu diesem Thema gelesen werden. Die Deutschen wissen mehr über das Judentum durch Hollywood-Filme, als aus ihrem direkten Umfeld oder durch Nachbarn. Diesen Eindruck habe ich bis zum heutigen Tag.

Ich bekam aber mit, wie andere Mitschüler auf Sascha reagierten. Das Komische war, dass, je mehr Anfeindungen oder abfällige Bemerkungen in Richtung Sascha fielen, ich eine immer größere Sympathie für meinen Freund entwickelte. Wir waren ja aufgrund unserer Herkunft von Anfang an als „Outsider gelabelt".

Wir konnten uns gar nicht wehren, politisiert zu werden. Ich erinnere mich, wie Sascha sich mit einem Lehrer in die Haare bekam, weil dieser den Nationalsozialismus nicht ausreichend kritisierte. Sascha warf dem Lehrer Fakten über den Zweiten Weltkrieg an den Kopf, worauf der Lehrer keine Antwort parat hatte. Er nahm ihn aufgrund seines Alters einfach nicht ernst. Und: Er nahm ihn einfach nicht mehr dran. So flüsterte Sascha mir seine Fragen und Antworten ins Ohr und ich meldete mich für ihn sozusagen. Doch da dies dem Lehrer schnell auffiel - übrigens gleichzeitig auch unser Schuldirektor - ahnen Sie vielleicht, was dann geschah. Richtig: Er nahm mich nun ebenfalls nicht mehr dran. In der nächsten Stunde wurden wir auseinander gesetzt.

Schließlich kamen in der dritten Klasse noch zwei weitere Ausländer zu uns. Jakub, der Pole und Hamed, der Iraner. Jakub war blond, blauäugig und Katholik. Hamed hingegen schwarz, dunkeläugig und Moslem. Obwohl beide kaum ein Wort Deutsch sprachen, war der Start für den katholischen Jakub wesentlich einfacher. Die Mitschüler empfanden ihn als einen von ihresgleichen. Wir vier blieben die einzigen Ausländer bis zum Ende der Grundschulzeit und das in einer Großstadt mit fast einer Million Einwohnern.

Sascha, Hamed, Jakub und ich verbrachten meistens nicht nur die Schulpausen zusammen, sondern auch unsere Freizeit. Zusammen in der letzten Reihe saßen wir ja sowieso schon. Die Erklärung für unsere Plätze in der letzten Reihe war einfach: Sascha und ich waren zufälligerweise diejenigen, die am ersten Schultag den Klassenraum zuletzt betraten und mit den leeren Stühlen in der letzten Reihe vorlieb nehmen mussten. Die neuen Ausländer, sprich unsere neuen ausländischen Mitschüler und wenig später Freunde, wurden einfach zu uns in die letzte Reihe gesetzt.

Ich weiß noch, wie ich mich fühlte, als sich die Grundschulzeit ihrem Ende neigte. Auf der einen Seite war man voller Stolz, Anschluss gefunden zu haben. Auf der anderen Seite häuften sich die Fragen, wie es denn weitergehen würde. Sollte man auf Hauptschule, Realschule, Gymnasium oder Gesamtschule wechseln?
Mein Vater wollte mich auf eben jene Schule schicken, wohin deutsche Kinder wechseln. Er versprach sich dort für mich die größten Chancen für das weitere Leben. Somit kam für ihn nur das Gymnasium in Frage. Für mich bedeutete dies natürlich eine größere Anstrengung, als ich es sowieso schon hatte.

Während des Religionsunterrichts wurden wir Andersgläubigen in einen separaten Raum gebracht, da wir hieran nicht teilnehmen durften. Unser Glück war, dass wir alle miteinander befreundet waren und uns daher riechen und gegenseitig helfen konnten. Da wir in derselben Straße wohnten, war ein weiterer Vorteil derselbe Schul- und Heimweg.

In diesen Stunden unterhielten wir uns über normale Themen wie Schule, Lehrer und Mädchen. Aber auch über Politik und Religion, was eigentlich nicht unserem Alter entsprach.

Sascha erzählte uns von seinen Erfahrungen als Jude im Kommunismus, obwohl er und seine Familie die Sowjetunion verlassen hatten, als er gerade einmal drei Jahre alt war. Doch manche Erinnerungen vergisst man wohl nie - egal wie alt man gewesen ist.

Hamed indes konnte über die Geschehnisse der islamischen Revolution berichten. Jakubs polnische Familie hatte gute Gründe, in Deutschland zu sein. Warschauer Pakt, Kommunismus, freie Religionsausübung und: sogar der Papst war Pole! Jackpot! Eine Steilvorlage sondergleichen. Damit wir uns richtig verstehen: Jakub ist heute einer meiner besten Freunde - und das seit über 30 Jahren jetzt! Er erinnerte mich sehr stark an meine Wenigkeit selbst vor zwei Jahren.

Es soll nicht nach Neid klingen. Aber stellen Sie sich folgende Situation vor: Es ist Religionsunterricht in der Schule. Ein Teil der Klasse erhält katholischen, der andere Teil erhält protestantischen Unterricht. Aber alle anderen werden offiziell aus der Klassengemeinschaft ausgeschlossen.

Doch wenn der Jude und der Moslem in einen separaten Raum gehen müssen und Zusatzaufgaben anstatt einer Freistunde bekommen, führt so etwas nicht annähernd zur Integration.

Das ist keine Integration, sondern Segregation.

Ich bin der Meinung, dass wir als Kinder mehr Verständnis füreinander entwickeln als später in der Jugend oder sogar als Erwachsene. Wir hätten im Religionsunterricht über unsere Welten erzählen und im Gegenzug Einblicke in unsere neue Welt erlangen können. Leider geschah dies damals nicht. Es wäre aus allen Perspektiven sinnvoller gewesen, inklusive des Spracherwerbes.

Mit diesem Beispiel möchte ich auf einen kleinen, aber wichtigen Aspekt hinaus: So treibt man einen Keil selbst zwischen Ausländer - bewusst oder unbewusst – und es entwickelt sich untereinander Neid und Eifersucht. Und das bereits bei Kindern. Im Bestreben nach Respekt und Anerkennung bei den Deutschen möchten die Ausländer gleich wichtig wahrgenommen werden. Aber wie so oft ist dies nur Wunschdenken. Jeder Ausländer möchte willkommen sein und nicht das Gefühl haben: ich werde beäugt wie unter einer Lupe.

Heutzutage gibt es wahrscheinlich mehr sozialpädagogische Integrationsprogramme in Kindergärten und Grundschulen. Dennoch wird es nicht viel bringen, wenn deutsche Eltern und gut integrierte Ausländer nicht mitziehen. Hierin liegt die Schwierigkeit. Denn: Außerhalb dieser Programme werden kaum Kontakte gepflegt!

Sascha und ich hatten im Nachhinein betrachtet viel Glück mit unseren strengen Vätern. Sie waren schulbesessen, saßen uns im Nacken und wachten über unsere schulischen und sportlichen Leistungen. Die Note „Drei" bedeutete gleichsam eine „Fünf" für sie. Eine „Vier" war eine glatte „Sechs".

Wehe uns, wenn wir eine „Fünf" nach Hause gebracht hätten. Sie hätten an ihrer Vaterschaft gezweifelt. Da wir auch unseren Vorbildern, nämlich unseren Vätern, nacheiferten, wollten wir stets gute Noten nach Hause bringen. Zugegeben, es misslang des Öfteren, aber der Wille und die Motivation waren uns nicht abzusprechen.
Vielleicht hatten wir auch das Glück, dass wir den richtigen Menschen in unseren Leben begegneten.

Als Sascha die Empfehlung bekam, auf die Realschule zu gehen, setzte sich sein Vater vehement für ihn ein. Er sollte die Chance bekommen, auf ein Gymnasium zu gehen, um danach studieren zu können. Ich weiß nicht genau, wie es Saschas Vater hingebogen hat, aber er war erfolgreich. Sascha schaffte das Abitur, studierte und wurde Arzt.

Das war nur ein kleines Beispiel aus meinem Leben, das aufzeigt, wie Kinder lernen, Freunde zu werden.

Freunde - bevor man weiß, welche Vorurteile zum Beispiel mit einer Religion verknüpft sind und miteinander einhergehen.

Die ersten Kontakte

Ich erinnere mich, dass in der ersten Klasse ein Fest im Garten einer Mitschülerin veranstaltet wurde. Sascha und ich erschienen zum Fest und mussten feststellten, dass wir die Einzigen ohne elterlichen Beistand waren. Es hieß, es sei ein Fest für die Kinder und jeder sollte etwas zum Grillen mitbringen.

Tja, was konnte dieses „etwas" wohl bedeuten?
So brachten wir Lammfleisch und Würstchen mit. Doch wir liefen wie zwei Fremdkörper herum. Die anderen Kinder spielten und die Eltern kümmerten sich um das Grillgut ihrer Kinder. Und da auch uns irgendwann der Hunger zum Grillstand trieb, fragten wir uns, ob wir den Grill ebenso benutzen dürften.
Der Vater, dem Haus und Garten gehörte, lächelte nett und machte uns eine kleine Ecke auf dem Grill frei. Sodann legten wir los. Wie Sie sich bestimmt vorstellen können, waren wir noch recht klein und konnten nicht richtig auf den Grill gucken. Wir gingen natürlich immer wieder kurz spielen, aber kehrten zurück, damit nichts verkohlen würde.

Doch was passierte?
Zuerst wurde gefragt, wer denn Hammel auf den Grill gelegt hatte. Ich verstand nicht, was ein Hammel war. Da machte der Vater „määhhh" und mir blieb nichts anderes übrig als zu nicken. Ich zeigte auf mich und flüsterte leise „ich". Mein erster Eindruck in Deutschland war nämlich, dass Kinder erst das Wort erteilt bekamen, wenn sie sich meldeten.
Der Vater gab mir zu verstehen, dass mein Fleisch zu viel Rauch produziere und das restliche Grillgut beeinträchtigen würde.

Als er wegging, nahm ich beschämt das Fleisch wieder herunter, legte es halbroh in meine Box und dachte, dass wir zum Glück noch Würstchen hatten. Somit legte ich vier Würstchen auf den Grill und ging spielen.

Kurze Zeit später kamen Sascha und ich hungrig zurück. Und siehe da: Die Würste waren nicht mehr da. Was sollten wir machen?

Wir legten vier weitere auf den Grill und gingen wieder spielen. Wieder waren die Würste bei unserer Rückkehr weg. Ein letzter Versuch mit den letzten vier Würsten.

Doch dieses Mal blieben wir neben dem Grill stehen. Plötzlich wurde uns klar, was mit unseren Würstchen passiert war. Nein, es war nicht die Tat eines Wurstdiebes.

Um es kurz zu machen: Alle Würstchen waren durch den Grillrost gefallen und waren pechschwarz wie Kohle!

Warum?

Weil es den anderen Eltern schlicht egal war, was unsereiner machte. Keiner warf auch ein Auge auf unser Essen. Die anderen Eltern wussten ja, dass wir ohne Begleitung erschienen waren.

Mein Vater hatte nämlich kleine Würstchen gekauft. In seinen Augen waren dies richtige Kinderwürstchen – eben aufgrund ihrer winzigen Größe. Als der Gastgeber sah, dass wir keine Teller und bisher nichts gegessen hatten, bot er uns eine große Wurst an, die wir beschämt annahmen.

Mit diesem kleinen Beispiel möchte ich Ihnen zeigen, wie manchmal der erste Kontakt entstehen kann und wie stark sich gewisse Dinge ins Gedächtnis einbrennen. Eine gelungene Integration braucht beide Seiten. Die einen müssen integrieren wollen und die anderen müssen gewillt sein, sich integrieren zu lassen. Nichtsdestotrotz braucht man ein dickes Mammutfell.

Ich hatte das große Glück, dass mir ein älteres deutsches Pärchen Hilfe anbot, um mir die deutsche Sprache beizubringen. Somit fuhr ich jede Woche mit einem Fahrrad zum Treffen, welches ich sogar von ihnen geschenkt bekam. Zugegeben: Es war am Anfang nicht immer leicht, da mich immer eine gewisse Scheu begleitete. Es war ebenso eine Art Furcht mit dabei.
Alleine, als Achtjähriger, in ein fremdes Haus zu gehen und fast kein Wort Deutsch zu können, war zuerst sehr beschämend für mich. Mein Vater hatte sich selbstverständlich zuvor mit dem deutschen Pärchen unterhalten und mir erklärt, dass man für angebotene Hilfe dankbar sein sollte und diese annehmen müsste.

Jene Dame war sehr geduldig mit mir. Sie versuchte aber nicht, mir einfach nur die Sprache beizubringen, wie Sie es vielleicht von Integrationskursen oder Sprachkursen her kennen. Natürlich korrigierte sie mich bei meinen Fehlern. Die weitaus größere Leistung jedoch war, mir Einblicke in eine deutsche Familie und deren Lebensweise und Traditionen zu vermitteln.
So wurde die Dame vielmehr als nur eine Deutschlehrerin für mich.

Auch besaß sie ein altes Klavier. Sie spielte Kinderlieder aus der Grundschule nach und ich versuchte, mitzusingen. Bei „Fuchs Du hast die Gans gestohlen" ging sie mit mir jedes Wort durch. So dachte ich anfangs natürlich, dass in jedem deutschen Haushalt ein Klavier steht und dass deutsche Familien nachmittags und an Feiertagen zusammen musizieren und singen.

Sie weihte mich auch in die Kunst von „Kaffee und Kuchen" ein, denn nach dem Unterricht gab es für gewöhnlich ein Stück Kuchen und einen Saft für mich. Dabei unterhielten wir uns. Nun ja, so gut wie ich konnte. Dennoch wurde es von Mal zu Mal immer besser.

Bis zum heutigen Tag stehen wir immer noch in Kontakt, und sie erhält jedes Jahr eine Weihnachtskarte von mir. Natürlich habe ich auch eine richtige Mutter. Aber sogar sie bezeichnet noch heute jene deutsche Dame als meine zweite Mutter, da sie die Mutter meiner zweiten Muttersprache ist.

Da stimme ich meiner eigenen Mutter vollkommen zu.

Die Flüchtlingskrise erschwert zumindest nicht die Radikalisierung

Ein aktuelles Beispiel:
Ich lernte einen zierlichen Jungen aus Syrien kennen, der äußerst nett, gescheit und ziemlich intelligent mit seinen sechzehn Jahren war. Sein Name lautete Jaffar.
Seine Flucht begann 2014 in Syrien und verlief über Ägypten. Er beschrieb mir, wie schwierig es seinerzeit war. Mit vierzehn Jahren, alleine und nur die Sachen „am Mann", die er bei sich trug. Drei Wochen Flucht über Land durch Syrien und der Türkei. Anschließend sollte es mit dem Schiff nach Griechenland gehen. So dachte er. Doch als sie nach Tagen endlich wieder Land betraten, bemerkte er, dass die Schleuser das Boot nach Ägypten gebracht hatten und selbst in der Nacht zuvor von Board gegangen waren.

So stand er ganz alleine in Ägypten da und wusste nicht, wie es weitergehen sollte. Völlig ausgebrannt, von Hunger getrieben und ohne Familienangehörige. Seinen Cousin hatte er auf der Flucht verloren. Auch wusste er nicht, wie er ihn wiederfinden sollte.
Er versorgte sich wie andere Flüchtlinge von Abfallresten und dem Essen, welches ihm netterweise Menschen vor Ort gaben. Er meinte zu mir, dass er sehr gelitten habe, zumal er wochenlang nicht wusste, ob seine Familie aus Aleppo noch am Leben war. Alle Verbindungen waren nach seiner Flucht abgebrochen. Seine Eltern hatten nur ihren ältesten Sohn auf die Flucht geschickt, da das Geld nur für eine Person reichte und er die größte Aussicht auf Erfolg bzw. gelungener Flucht besaß. Nach über drei Monaten gelang ihm die Flucht nach Italien über das Mittelmeer.

Er meinte, dass sie elf Tage auf einem kleinen Boot zusammengepfercht saßen und beteten, damit sie wieder festen Boden betreten würden. In Italien angekommen gingen die Strapazen weiter. „Seinerzeit war die Weiterreise noch ziemlich einfach", erklärte er mir.

Er wurde an keiner Grenze kontrolliert! Schließlich fand er bei seinem Onkel in Köln Zuflucht. Aber natürlich war er in Gedanken stets bei seinen Geschwistern, Eltern und Verwandten. Seine Deutschkenntnisse waren für die knapp zwei Jahre Aufenthalt hier in Deutschland sehr gut, wie ich fand.

Aber meinen Sie, er hätte Integrationskurse besucht? Meinen Sie, dass ein vierzehnjähriger Junge sich zu Kursen anmeldet, um Deutsch zu erlernen? Mitnichten!

Vielleicht denken Sie, dass er in der Schule Deutsch beigebracht bekam. Doch auch hier muss ich Sie enttäuschen. Prozentual gesehen gibt es leider viel zu wenige, welche ihr Heil in einer schulischen Ausbildung suchen. Klar, dieser Weg wäre der Aussichtsreichste und vielleicht der Vernünftigste. Dies aber geht leider an der Realität vorbei! Egal, was in den Zeitungen und TV-Medien berichtet wird: Viele Jugendliche Flüchtlinge bleiben auf der Strecke. In dieser schnelllebigen Zeit dauert der Weg mit Schule und Ausbildung für die heutige junge Generation viel zu lange. Und natürlich bekommen die Jugendlichen mit, dass man trotz guter Ausbildung, sogar Studium und nach jahrelangem Bemühen am Ende doch keinen Job findet. Und falls doch, ist sehr oft die Vergütung viel zu niedrig. Währenddessen sehen sie, dass andere Gleichaltrige illegal viel und schnell Geld machen - ohne jegliche (Aus)Bildung.

Sie haben, wenn Sie es so wollen, die „Ausbildung der Straße" genossen.

Vor einiger Zeit traf ich in einem Café auf einen anderen syrischen Flüchtling, der meines Erachtens schon sehr gut deutsch sprach. Er tippte mit seinen Finger auf eine Tageszeitung und sagte, dass er die Deutschen verstehen könne. Beim zweiten Blick fiel mir auf, dass er auf die Wahlen 2016 in Mecklenburg-Vorpommern deutete.

Er erzählte mir, dass er vor knapp vier Jahren nach Deutschland geflohen war. Er könne auch nicht verstehen, wie mit zweierlei Maß gemessen werde, denn er fühlte sich nicht gleich behandelt. Neu-Flüchtlingen, die seit 2015 nach Deutschland gekommen waren, wurde viel mehr und schneller geholfen, als dies bei seiner Ankunft geschah. Obwohl er ja schließlich vor demselben Krieg geflohen war wie die anderen! Momentan wäre nicht nur die Hilfe seitens des Staates größer, sondern auch die der deutschen Bevölkerung. Ich meinte, dass es doch auch zu seinen Gunsten wäre.

Er sah dies jedoch völlig anders und sprach von Willkür der deutschen Bürokratie. Bis er irgendwelche Papiere in den Händen hielte, wäre zu viel Zeit vergangen. Außerdem sei es damals viel schwieriger gewesen, überhaupt nach Deutschland einzureisen. Viele seiner Anträge wären noch immer nicht bearbeitet. Neu-Flüchtlinge wären aus seiner Sicht schon viel weiter. Heutzutage würde es reichen, ohne Papiere in Deutschland reinzukommen und dann falsche Angaben zur Identität zu machen. Manche besäßen mehrere Identitäten, indem sie sich gleichzeitig in mehreren Städten anmeldeten.

Hätte er dies damals für möglich gehalten, hätte er es genauso gemacht. „Man sollte alle noch einmal einberufen und neu registrieren!" meinte er. Er hätte festgestellt, dass sogar Tauben in Deutschland mit Ringen an den Beinen irgendwie registriert seien. „Wieso bekommt das Deutschland mit seinen Menschen nicht ordentlich hin?"
Angeblich hätten sie ja jetzt sogar die nötigen Geräte wie Computer und Software dafür. Dass eine Mehrfachregistrierung ohne Identitätsüberprüfung überhaupt in irgendeinem Land - insbesondere in einem „Erste-Welt-Land" - funktionieren würde, hätte er absolut für nicht möglich gehalten.

Vor allem seien viele der Flüchtlinge in seinen Augen gar keine richtigen Kriegsflüchtlinge. Sie wären nur auf den Flüchtlingszug mitaufgesprungen und hätten das Elend der Syrer schamlos ausgenutzt. Für die Deutschen sei es viel zu schwer, die Wahrheit herauszufinden. Ich erwiderte daraufhin, dass sich die Situation in Syrien dramatisch verschlechtert hätte und dass das niemand vorhersehen hätte können.
Plötzlich schoss ihm das Blut in den Kopf und er zischte mich an mit den Worten: „Was für ein Syrien? Syrien existiert nur noch auf dem Papier! Faktisch gäbe es doch gar kein Syrien mehr. Sogar der Teufel würde weinen, wenn er die Situation in Syrien sehen würde!"

Das war es also, was ihn zur Weißglut brachte. Die Welt hatte es einfach geschehen lassen. Europa und vor allem Deutschland würden nicht so ein großes Problem haben, wenn sie rechtzeitig reagiert hätten. „Solange wir Flüchtlinge nicht in Deutschland und Europa waren, hat sich keiner für uns interessiert!"

Ich musste ihm Recht geben. Deutschland hilft in erster Linie nicht, weil es möchte, sondern vorrangig aus „Notwehr". Weil es muss! Damit meine ich auch nicht die Entwicklungshilfe, die Deutschland weltweit leistet. Doch diese Flüchtlingskrise hat die innenpolitische Lage Deutschlands massiv verändert.

Und wir stehen erst am Anfang, da keiner weiß, was aus dem Nahen Osten und Afrika auf Deutschland und Europa in Zukunft noch zukommen wird!
Leider Gottes sehen Deutsche, Alt-Ausländer und Flüchtlinge kein Ende des Elends und des Krieges im Syrienkonflikt. Dazu wird viel zu wenig getan und nationale Eigeninteressen stehen so manchen vernünftigen Entscheidungen im Wege. So entstehen auch im Nahen Osten Stellvertreterkriege auf Kosten der dort lebenden Bevölkerung. Es ist ja nicht so, dass sich Flüchtlinge freuen, ihre eigene Haut gerettet zu haben und jetzt mit offenen Armen auf die westliche Kultur zugehen. Sie halten die Situation für scheinheilig! Deutschland versuche Hilfe anzubieten, aber unternehme viel zu wenig zur Befriedung der Situation.

Mein syrischer Gesprächspartner meinte, dass unter seinen Landsleuten die Meinung vorherrsche, Deutschland bräuchte aufgrund seiner demographischen Entwicklung einen Zustrom an jungen Männern für die Wirtschaft. Dabei seien sie jedoch nur billige Arbeitskräfte, die zum Teil unter dem Mindestlohn oder gleich gänzlich schwarzarbeiten. Er meinte, dass die heutigen Flüchtlinge die früheren Gastarbeiter sind bzw. ablösen und erwähnte eine Politsendung. Dort sprach ein Experte von der einmaligen Gelegenheit für die deutsche Wirtschaft, da so viele junge Menschen nach Deutschland kamen und immer noch kommen würden.

Er jedoch fand diese Aussage nicht nur beschämend, sondern auch respektlos. Deutschland verstünde nicht, dass es sich selbst ins eigene Fleisch schneide, denn unqualifizierte Flüchtlinge in dieser großen Anzahl stünden in direkter Konkurrenz miteinander im Niedriglohnsektor. Die Errungenschaft des Mindestlohns würde somit ausgehebelt werden.

Die Sorge der Bevölkerung, besonders die der unteren Einkommensschicht könne er nachvollziehen. Deutschland versuche eine „Win-Win-Situation" zu erschaffen, die es realistisch nie geben könne. Sein Land liege in Schutt und Asche und fast alle Flüchtlinge hätten große Sorgen um ihre Verwandten und Familien.

Es überraschte mich nicht, als er zu bedenken gab, dass all dies der Nährboden sei, um junge Menschen nach ihrer Flucht zu radikalisieren. Sie sind zwar gerettet, aber müssen aus der Ferne beobachten, dass ihren Landsleuten und ihrem Land nicht ernsthaft geholfen wird. Die Radikalisierung sei nur ein logischer Schritt, sofern die Frustration nicht schnell behoben werde. Aus der Euphorie einer gelungenen Flucht entstehe nach einer gewissen Zeit Nüchternheit. Und irgendwann weiche diese Nüchternheit der Frustration, wenn man mitbekomme, dass weiterhin geliebte Menschen durch Kugeln und Bombenhagel sterben.
In dieser linearen Entwicklung folgen dann verständlicherweise Wut und Aggression, was mitunter der Trigger für eine Radikalisierung auf deutschem Boden sei. Es ist der Punkt, an dem sich einige gezwungen fühlen, zu handeln. Ich spreche bewusst nicht von einem Teufelskreis, sondern von einer Teufelslinie.

Es ist sehr schwierig, Menschen von einem Pfad abzubringen, wenn sie diesen einmal eingeschlagen haben. Menschen sind das, was sie denken. Diese Linie gilt es zu durchbrechen. Was aber geht in den Menschen vor, die in Deutschland groß geworden sind und sich hier radikalisieren?
Wie kann so etwas passieren?

Es sind meist junge Menschen, die eigentlich sehr unauffällig leben. Es sind vor allem junge Männer, die sich nach und nach zum Islam hingezogen fühlen. Viele von ihnen haben in Deutschland zuerst ganz „normal" angefangen: sie rauchten, tranken Alkohol, gingen in Discotheken, trafen sich mit Mädels, kifften oder nahmen andere Drogen. Irgendwann kamen sie in Kontakt mit religiösen Inhalten und Glauben. Sie stellten fest, dass mit Hilfe der Religion eine Abschottung von der Gesellschaft sehr gut möglich ist.
In unserem Fall ist es der Islam. Dies kann durch das Internet entstanden sein, durch eine Reise ins Heimatland oder einfach aus eigenem Antrieb auf die Fragen des Lebens.

Sie müssen versuchen, solche jungen Menschen im Kontext zu betrachten. Die meisten entstammen aus bildungsniedrigen Schichten. Viele ihrer Eltern waren oder sind noch immer Analphabeten. Das bedeutet, dass sie ebenso religiöse Analphabeten sind und nie gelernt haben, den Koran zu lesen. Sie hatten in ihrem Leben nur Predigten gehört und mussten sich auf die Worte ihres Imams verlassen und sich daraus ihre eigene Meinung bilden.

Natürlich freuen sich Eltern, wenn ihre Jungen die eigene Lebensart ändern und gottesfürchtig werden. Die Jugendlichen stehen frühzeitig auf, um zu beten, werden ruhiger, sind öfter zu Hause und halten sich an die Regeln des Islam. Anfänglich verspürt die Familie sogar etwas wie Stolz. Bis dahin können die wenigsten Eltern diese Veränderung kritisieren.

Doch irgendwann beginnt es zu kippen.
Die Jugendlichen fangen an, sowohl ihre Eltern als auch ihr näheres Umfeld kritisch zu betrachten. Sie halten vielleicht ihrer Mutter oder Schwester vor, sich nicht islamkonform zu verhalten. Vater und Bruder sollen plötzlich aufhören, Alkohol zu trinken. Des Weiteren unterhalten sie sich mit ihren Freunden und versuchen, diese auf den „richtigen Weg" zu bringen.
Was immer das auch heißen mag!

So bemerken sie irgendwann, dass sie am allermeisten Gehör in einem bestimmten Umfeld finden. Das können Cafés, Teehäuser, Internet-Foren, Jugendzentren oder Moscheen sein. Und das ist der heikle Punkt! Falls sie dort auf jemanden treffen, der ihre Sicht auf die Welt teilt, fühlen sie sich geborgen und fassen Vertrauen zu dieser Person.

Ab da an ist es wie vor Gericht und auf hoher See: Man ist in Gottes Hand. Damit meine ich, dass keiner wissen kann, wie die Vertrauensperson auf den Jugendlichen einwirkt. Wenn diese Person eine radikale Meinung vertritt, wird seine Ansicht höchstwahrscheinlich vom Jugendlichen adaptiert werden und die Vertrauensperson wird zu seinem Mentor.

Solche radikalen Mentoren haben ein Gespür für die Jugendlichen und wissen, wie weit sie gehen können. Ein leicht zu beeinflussender Mensch ist ein gefundenes Fressen. Sie spielen mit ihnen ein „All-In" und schicken sie womöglich in den sicheren Tod.

Meiner Meinung nach würden diese Dinge viel seltener geschehen, wenn Politik und Gesellschaft den Jugendlichen mit Migrationshintergrund eine Alternative anbieten könnte. Die Integrationspolitik von heute läuft mit der Version 1.0 und Deutschland sollte dringend über ein Upgrade auf Integrationspolitik 2.0 nachdenken!
Die deutsche Politik sollte sich viel früher um die Jugendlichen kümmern und nicht warten, bis der Schuh drückt. Die angehenden Jugendlichen dürfen nicht sich selbst überlassen werden.
Ich weiß, dies wird viel Geld kosten. Dennoch gibt es keine große Wahl. Wenn Deutschland nicht in seine junge Bevölkerung investiert, darf es auch keine Wunder von ihnen erwarten. Es ist durchaus möglich, einer Radikalisierung von Jugendlichen entgegen zu steuern, aber man muss rechtzeitig handeln.

Sie sehen: Schon aus Selbstschutz und Eigennutz muss sich Deutschland nicht nur um ihre Alt-Ausländer und deren Integration weiter bemühen, sondern zusätzlich einer möglichen Radikalisierung von Neu-Ausländern, Neuankömmlingen und Flüchtlingen entgegen wirken.

Deutschland taumelt

Alle Menschen wollen weltweit an etwas glauben können, dass sie voran bringt. Es soll nicht nur ihnen und ihren Kindern in derer Zukunft, sondern auch ihren Mitmenschen dienlich sein.

Leider hat die deutsche Bevölkerung zu oft den Eindruck gehabt, dass ihnen seitens der Politik gedroht werde. Es wird ihnen vor Augen gehalten, dass der Standort Deutschland gefährdet sei, wenn man den Plänen der Bundesregierung nicht zustimmen würde. Das Totschlagargument ist immer, dass Arbeitsplätze gefährdet seien.

„Entweder ihr arbeitet mehr und für weniger Geld oder ihr habt überhaupt keine Arbeit mehr!"

„Leider" ging es Deutschland in den letzten 50 bis 60 Jahren zu gut. Auch die heutige Generation, die übrigens zum Wiederaufbau Deutschlands nach dem Zweiten Weltkrieg nichts dazu beigetragen hat, sieht allerdings nun das Eigentum der Eltern und Großeltern gefährdet. Daher werden Parteien gewählt, die mehr oder weniger versprechen, dass nichts verloren gehen werde. Das Eigentum wird dadurch weiter angehäuft und vermehrt.

Es ist ja auch nicht so, dass Deutschland vor dem Terrorzeitalter, der Finanzkrise und der Flüchtlingswelle keine innenpolitischen, sozialen und gesellschaftlichen Probleme gehabt hätte. Lange vor der Flüchtlingskrise gab es bereits Probleme zum Beispiel bei ausreichend Wohnraum und sozialem Wohnungsbau in Städten, bei dem Ausbau von Kitaplätzen, der Altersarmut und bei der Jugend-arbeitslosigkeit.

So fragen sich die Bürger zu Recht, warum „wir" noch nicht viel weiter sind! Die Bürger lassen sich auch nicht mit dem Argument abwimmeln, dass vieles bereits erreicht oder vieles auf den Weg gebracht wurde.

Wir Menschen sind weitaus einfacher gestrickt als die Politik uns glauben lassen möchte. Wir hören, dass die Bundesregierung ein erstes, dann ein zweites und dann ein drittes Hilfspaket in Höhe von Hunderten Millionen oder sogar Milliarden Euro verabschiedet. Ich will gar nicht ins Detail gehen, warum und wohin das Geld geht. Aber als Bürger sehe ich in erster Linie mein eigenes Leid und das Leid meiner direkten Mitmenschen.

Dabei ist es völlig gleich, ob Deutscher oder Ausländer: Sportanlagen werden geschlossen oder nicht instand gehalten, Schwimmbäder werden dicht gemacht oder zusammengelegt, Straßen, Autobahnen und Brücken sind in einem maroden Zustand mit diversen Schlaglöchern usw. Natürlich fragen sich die Bürger, warum die eigene Regierung mehr an das Ausland und fremde Menschen denkt als an die eigene Bevölkerung.
Übrigens denken das auch die hier in Deutschland lebenden Ausländer. Manche erklären es sich damit, dass sie halt Ausländer sind und dass ihr Wohl den Deutschen schnurzpiepegal ist. Oder dass man dies extra macht, damit sich der Ausländer nicht wohlfühlt und schneller wieder das Land verlässt.

Ich weiß, dass das vielleicht alles bloße Vorurteile sind, die total falsch sind. Aber Gefühle kennen keine Rationalität! Wenn Gefühl auf Rationalität bzw. Emotion auf Logik trifft, verliert immer die Logik! Die Logik sieht nämlich ein, dass sie nicht auf fruchtbaren Boden fällt.

Das kennen Sie vielleicht aus den Beziehungen, die Sie in Ihrem Leben hatten. Sie reden solange, bis Ihrer Zunge Haare wachsen. Doch am Ende erwidert Ihr Herzblatt, dass es nichts dafür könne. Ihr Herzblatt fühle halt so!
Manche Männer erkennen sich hierbei vielleicht wieder. Ein Dilemma. Aber seien wir mal ehrlich: Haben wir nicht alle schon einmal eher auf unser Gefühl gehört als auf unseren Verstand? Logik tut nicht weh. Gefühle dagegen können sehr schmerzhaft sein.

Gleichwohl ist es mir ziemlich gleichgültig, dass sich der Mensch für die Krone der Schöpfung hält. Wir Menschen sind mit Emotionen und Gefühlen ausgestattet, mit denen wir alle leben müssen. Der einzige Unterschied zu Tieren ist unsere Fähigkeit zur Selbstbeherrschung und Selbstkontrolle. Ansonsten würde es viel öfters zu Mord und Totschlag kommen.

Warum meinen Sie gibt es Gesetze? Genau! Damit alle wissen, was wir dürfen und was nicht.
Für mich ist die Rechtswissenschaft eine absolute Geisteswissenschaft. Alle Gesetze und Regeln haben wir Menschen uns einfallen lassen. Es ist gleichsam kein absolutes Muss.

Schauen Sie einfach über deutsche Grenzen hinaus!

Mit dem sogenannten *Ehrenmord* wird in Deutschland anders umgegangen und andere Strafen ausgesprochen als in den Herkunftsländern.

Der Begriff des Ehrenmordes ist schon bizarr. Was hat es mit Ehre zu tun, wenn ich die eigene Schwester oder die eigene Tochter ermorde? Bei den Ehrenmordtätern handelt es sich vorwiegend um Einzelfälle. Dennoch ereignen sich solche Verbrechen immer wieder. Deutschland hat sich in eine Lage gebracht, bei der es jetzt gezwungen sein könnte, die eigenen Werte anpassen zu müssen. Das kann und darf Deutschland nicht wollen! Es ist verantwortungslos, wenn die deutsche Regierung vorpirscht.

Die Judikative als auch die Exekutive müssen immer mit den ihnen gegebenen Möglichkeiten nachziehen. Von der Bürokratie wage ich gar nicht erst zu sprechen! Die Gesetze der Legislative müssen angewendet werden, und die Bürokraten müssen mit ihren beschränkten Möglichkeiten die Fehler korrigieren. Salopp gesagt muss die Bürokratie unter dem Strich alles ausjonglieren und so gut wie möglich in geordnete Bahnen lenken.

Entschuldigen Sie bitte meine Ausdrucksweise gleich!
Bei Pädophilie oder Kinderschändern erhält man in Deutschland eine Therapie und zumindest danach Sozialhilfe. In anderen Ländern wird einem ein Stock in den Allerwertesten geschoben und man wird anschließend an den Hoden aufgehangen, wenn man sich an Kindern vergreift. Das daraufhin folgende Todesurteil ist im Preis inbegriffen. Fragen Sie einen Moslem!
Dies wird von der Mehrheit der Muslime befürwortet!

Daher wiegt das Drama in Berlin schwer. Als ein irakischer Flüchtling - Vater von drei Kindern und selbst einst Polizist im Irak - einen anderen Flüchtling mit einem Messer bewaffnet umbringen wollte. Der Täter hatte versucht, sich an seinem Sohn zu vergehen. Der Iraker reagierte für viele andere Väter völlig logisch und nachvollziehbar. Nur führte es dazu, dass deutsche Polizisten den Iraker erschossen. Was mit dem Täter wurde, ist mir nicht bekannt.
Selbst im deutschen Knast gilt man unter den „schweren Jungs" als Geächteter, wenn man wegen Pädophilie verurteilt wurde.

Bei folgendem Beispiel stelle ich eine These auf:
Die muslimische Familie, deren Kind missbraucht und getötet wurde, fühlt den gleichen Schmerz wie eine deutsche Familie. Mensch ist halt Mensch. Würde man in Deutschland darüber abstimmen lassen, was mit Kinderschändern geschehen solle, würde den meisten so einiges anderes einfallen, außer auf Steuerkosten Therapien, Überwachung und elektrische Fußfesseln zu bezahlen. Denn es kam auch schon vor, dass trotz Fußfesseln vergewaltigt wurde. Aber das ist ein anderes Thema.
Selbstredend müssen *alle* die deutschen Gesetze in Deutschland einhalten. Ja, sogar Tiere können in Deutschland nicht machen was sie wollen. Fragen Sie mal einen Wolf, ob er alles machen darf!

Dennoch haben die Ausländer den Eindruck, dass die deutsche Justiz selbst nicht das volle Strafmaß ausschöpft und die Strafen äußerst mild ausfallen. Aber wehe einem, wenn man dem Staat etwas schuldet zum Beispiel bei Steuerbetrug oder Steuerhinterziehung. Da fühlt sich nämlich der Staat als Opfer.

Ich ahne, was Sie jetzt denken: Gefährdung des Gemeinwohls, Betrug an der Allgemeinheit etc. Die Steuergeldverschwendungen des Staates bleiben dagegen fast ungesühnt. Oder lassen Sie sich doch paar Mal beim Schwarzfahren erwischen und weigern sich, die Geldstrafe zu bezahlen. Da wird Ihnen der Prozess gemacht und Sie sind wegen Erschleichung von Leistungen nach § 265a StGB schnell im „Café Viereck" (Knast). Da zieht Ihnen der Staat mit Thors Hammer einen Scheitel von Ohr zu Ohr.

Ein Freund, der Kolumbianer ist, meinte einmal im Scherz zu mir, dass deutsche Gesetze nur für Deutsche gelten würden. Er als Ausländer fühle sich hingegen nicht angesprochen. Somit bezahlte er einfach die Strafe für das Schwarzfahren nicht, machte eine sechsmonatige Südamerikatour und ließ sich vor Ort die Augen lasern. Bei seiner Rückkehr am Flughafen konnte er mit den neu erworbenen scharfen Augen seinen Haftbefehl zur Kenntnis nehmen. Er sollte knappe 2500 DM Strafe zahlen. Ich dachte, er hätte jetzt dazugelernt. Aber wissen Sie was? Er sagte einfach, dass er das nicht bezahlen könne und bot an, die Summe in kleinen Raten zu begleichen. Und das Gericht stimmte dem zu.

Wohlgemerkt geschah dies in München. Er regte sich auf, dass die Bayern so engstirnig seien, denn solch eine kleine Lappalie wäre in Berlin nicht verfolgt worden. Vielleicht hatte er damit sogar Recht. Zumindest hatte er Recht, was die 90ger betraf. Heutzutage sind die Berliner Knäste nicht nur mit Kriminellen voll, sondern ebenso mit Schwarzfahrern.
Ich will Ihnen nur damit aufzeigen, dass meiner Meinung nach die deutschen Gesetze manchmal zu „flexibel" ausgelegt werden. Nicht nur die Deutschen haben diesen Eindruck gewonnen, sondern auch die Ausländer!

Die Richter können nichts dafür. Sie wenden lediglich nur Gesetze an, die es in Deutschland gibt. Sie erschaffen sie nicht. Es gibt Richter, die das maximale Höchstmaß an Strafe in ihren Urteilen verkünden wollen. Doch was bringt es, wenn sie wissen, dass die nächste Instanz alles wieder einkassieren könnte? Die Richter sind eben um ihre eigene Reputation besorgt.

In einem Bereich jedoch, das weiß auch der Ausländer, ist mit dem deutschen Gesetz nicht zu spaßen. Erraten Sie es? Genau!
Wehe, man hält sich nicht an die deutschen Steuergesetze. Für Steuersünder gibt es keine Therapieform. Hier spürt der Steuersünder die volle Härte des Gesetzes mit allen Rechtsfolgen. Eine einzige Verfehlung kann heftige Konsequenzen bis hin zum Gefängnisaufenthalt nach sich ziehen. Vor den deutschen Steuerbehörden sind alle gleich!
Naja, ich weiß, wie Sie jetzt denken: Alle sind gleich, aber manche sind gleicher.

Ich meine damit, dass zwischen Deutschen und Ausländern kein Unterschied gemacht wird. Ab einem bestimmten Vermögen kann man sich sehr gute Rechtsanwälte für Steuerrecht und Steuerberater oder Steuerkanzleien nehmen, die für einen alles erledigen. Sie werden kompetent beraten und holen Ihnen so viel Geld zurück wie es geht. Falls diese ihre Arbeit sehr gut erledigen, zahlen Sie letztendlich kaum Steuern. Der deutsche oder der ausländische Normalverdiener hat diese Möglichkeit kaum. Somit sorgt nicht das Gesetz dafür, dass wir gleich sind, sondern letztlich nur unser Geldbeutel.
Daher sitzen Ausländer und Deutsche gleichwohl im selben Boot.

Deutschland erweckt falsche Hoffnungen

Ich weiß ehrlich gesagt nicht, welches Bild von Deutschland in den Flüchtlingsländern existiert. Mein Eindruck ist, als ob die Frustration noch weiter steigt, wenn Flüchtlingen klar wird, dass es nicht einfach ist, hier einen Job zu finden.

Sie kamen voller Hoffnung nach Deutschland und dachten, dass sie zügig mit ihrem Leben fortfahren und alles schnell hinter sich lassen können. Bis ihnen irgendwann klar wird, dass es nicht so einfach ist und ihre Hoffnungen größer waren als ihr Sinn für die Realität.

Weiterhin reicht es oft nicht mehr aus, heutzutage in Deutschland mit nur einem Einkommen seine ganze Familie zu versorgen. Es wird des Weiteren auch nicht einfacher werden, Flüchtlingsfrauen in den deutschen Arbeitsmarkt zu integrieren. Erst treten bei Ort und Platz der Unterkunft Enttäuschungen auf. Anschließend kommen weitere Enttäuschungen auf dem Arbeitsmarkt hinzu.
Zusammengenommen mündet es in einer totalen Frustration, weil kein Vorwärtskommen von Frauen und Männern zu verzeichnen ist. Stagnation im Leben über einen längeren Zeitraum führt bei jedem Menschen zu Resignation oder schlimmer noch zu Aggression.

So ergeht es ebenso vielen Deutschen.

Interessant ist jedoch, was erwartet wurde. Es herrscht weltweit ein Bild von Deutschland, welches besagt, dass es allen hier sehr gut gehe. Selbstverständlich geht es uns im Vergleich sehr gut! Dennoch heißt das nicht, dass es in Deutschland keine Armut gibt. Vielleicht leiden die Armen sogar etwas anders in Deutschland, weil sie ja tagtäglich von reichen Bürgern bewiesen bekommen wie gut es einem in Deutschland gehen könnte.

Viele sind sozial abgehängt und versuchen, sich mit mehreren Jobs über Wasser zu halten. Falls sie überhaupt eine Stelle finden. Ich würde mich freuen, wenn Deutschland seine Hausaufgaben schon in der Schule gemacht hätte und jetzt den Benachteiligten bei ihren Aufgaben nachmittags helfen könnte. Wenn dem so wäre, würde ich es sogar sehr begrüßen.

Zum Leidwesen von uns meisten schummelt Deutschland bei seinen Hausaufgaben. Es wird nicht einmal versucht, bei Ländern, in denen die Integration besser läuft, abzuschreiben. Manchmal befürchte ich, dass die deutsche Regierung nur für bessere Statistiken arbeitet. Wenn es eng in einer Diskussion wird, werden Statistiken herausgekramt, die die jeweiligen Standpunkte unterstreichen sollen. Haben Sie jemals in einer Polit-Talkshow gehört, in der gravierende Fehler zugegeben wurden und sich bei der Bevölkerung mit allen nötigen Konsequenzen entschuldigt wurde? Man muss halt eine Statistik zu seinen Gunsten lesen und deuten können. Es ist wie immer im Leben:
Der Erfolg hat viele Väter, aber der Misserfolg hat noch nicht einmal eine Mutter.

Die deutsche Regierung hat einen Kurs eingeschlagen, bei dem die Bevölkerung nicht gewillt ist, mitzuziehen. Viele Bürger sind von leeren Versprechungen müde geworden. Das Verheerende ist nur, dass es sich bei der Flüchtlingskrise nicht um ein virtuelles Konstrukt handelt wie bei den Bankenkrisen, sondern um Menschen, die als Flüchtlinge physisch ins Land kamen und weiterhin kommen werden. Man hat halt jetzt Gesichter von Menschen vor Augen. Die Betroffenheit und die Sorgen der Bevölkerung sind nun zum Anfassen in der Gesellschaft angekommen.

Viele haben Ängste. Doch geht es nicht nur um finanzielle Verlustängste. Vielmehr ist es eine Angst um den gesellschaftlichen und sozialen Werteverlust. Ich möchte hier zum Ausdruck bringen, dass nicht nur Deutsche Angst haben, etwas zu verlieren!
Das muss man einfach mal so stehen lassen! Die akustische und visuelle Wahrnehmung hat sich verändert. In Großstädten kann man keine Stunde auf den Straßen spazieren gehen, ohne verschiedene Fremdsprachen zu hören. Wenn man nichts hört, sieht man vielleicht auf der anderen Straßenseite fremdaussehende Menschen. Subjektiv betrachtet ist das auch ein Grund von verunsicherten Bürgern.

Der besorgte Deutsche möchte eventuell versuchen, den Ausländer bei sich zu integrieren. Er möchte aber definitiv nicht in eine fremde Kultur in seinem eigenen Land integriert werden. Die muslimische Kultur und das muslimische Weltbild sind für die Deutschen fremd. Nicht alles Fremdartige trifft in der deutschen Gesellschaft auf Ablehnung.

Aber die Werte müssen übereinstimmen! Dies wissen übrigens die allermeisten Alt-Ausländer. Auch sie möchten keine zusätzlichen fremdartigen Einflüsse erleben, die ihren Alltag nach und nach beeinträchtigen.

Für 2016 gab die Bundesregierung die offiziellen Flüchtlingszahlen für Deutschland mit lediglich 890.000 an. Auf diese Zahl sei man nach Berücksichtigung der Mehrfachregistrierungen gekommen.

Glauben Sie dies?
Wie konnte man sich mehrfach registrieren lassen, obwohl man immer denselben Daumen für eine Registrierung einsetzte? Mancher deutscher Staatsbürger fragt sich zu Recht, warum die eigenen biometrische Daten für Personalausweis und Reisepass erfasst werden, während sich neue, fremde Menschen mit keiner oder gleich mehreren Identitäten im Land aufhalten dürfen. Andere fordern zynisch: „Wenn wir schon alle unter Generalverdacht stehen, dann sollten auch wirklich alle erfasst werden!"

Sie denken sich vielleicht jetzt, dass wohl keine Abgleichungen stattfanden. Sehr richtig. Die europäischen Länder tun sich verdammt schwer damit, ihre Informationen miteinander zu teilen. Okay.
Doch die Informationen in einer einzigen Nation nicht miteinander vergleichen zu können ist meinem Erachten nach ein Skandal. Die verschiedenen Bundesländer bekommen es nicht hin wie es sein müsste. Das ist die Kehrseite des Föderalismus.

Es erinnert mich an die babylonische Sprachverwirrung. Demnach verwirrte Gott die Menschen, indem er ihnen eine Vielfalt an Sprachen schenkte. Kein Mensch sollte die Sprache des anderen verstehen können. Gott bestrafte die Menschheit, weil die Erbauer des Turmes von Babel in seinen Augen versucht hätten, sich mit ihm gleichzustellen.
Doch wir reden hier nicht über Gott, sondern über Menschen und Computer, die durchaus miteinander kommunizieren können.

Um es aus heutiger Sicht zu sagen:
Wir brauchen keine göttliche Hilfe, damit wir den anderen verstehen können! Gottes Geschenk an uns Menschen ist vor allem unser Verstand. Wenn wir unseren Verstand nicht einsetzen können, um miteinander wenigstens Informationen auszutauschen, schämt sich sogar Gott fremd für uns.

Manchmal habe ich das Gefühl, dass ich nicht in der Bundesrepublik Deutschland lebe, sondern in den „United States of Germany".

Parallelgesellschaften

Sehr viele Deutsche haben überhaupt nichts gegen Ausländer, solange sie sich wie Deutsche verhalten und benehmen. Darunter verstehen viele „Normalo-Deutsche" eine gelungene Integration. Die beste Integration für die Deutschen ist es, wenn sie von der Integration gar nichts mitbekommen. Noch Fragen?

Ich bin eher jemand, der lieber das Wort Assimilation anstatt Integration benutzt. Selbstverständlich müssen wir Ausländer uns integrieren wollen. Dennoch ist dies, wie zuvor erwähnt, keine Einbahnstraße. Die Deutschen müssen ebenso assimilationswillig sein. Aus psychologischer Sicht erreicht man folgendes: Wenn man sagt, dass die Menschen, die hier leben wollen, sich integrieren müssen, dann ist die Ausgangssituation eindeutig definiert. Von dem Ausländer verlangt man eine Aktion hinsichtlich seiner Integration und nur dann kann eine Reaktion der Deutschen erfolgen. Klingt alles auch sehr logisch.

Nur - wie schon einmal erwähnt - sind wir Menschen mehr als nur logisch denkende Wesen. Die deutsche Logik ist schon so rational, dass es dem Ausländer weh tut. Das müssen die Ausländer wissen und sich damit arrangieren. Wenn man das nicht möchte, dann wird man es hier sehr schwer haben.
Für ihre Logik müssen sich die Deutschen nicht entschuldigen. Aber „nur zurückzulehnen" und den Ausländer „...mal machen lassen" wird nicht funktionieren!
Der Ausländer braucht einen positiven Einfluss seitens der Deutschen.

Wenn er das Gefühl bekommt, hier nicht gewollt zu sein, sinkt gleichsam sein Integrationswille, weil er denkt, dass seine Bemühungen eh nichts bringen werden. „Letzten Endes wird der Deutsche den Ausländer immer als Fremdkörper in einem eigentlich gesunden Staat sehen."

Sie wissen, was mit Fremdkörpern im Organismus passiert. Der Organismus greift den Fremdkörper mit all seinen Mitteln an und versucht, diese fremden Eindringlinge zu bekämpfen. Falls dies nicht klappt, wird versucht, den Fremdkörper zumindest einzukapseln. Das finden Sie in Großstädten wie Berlin, Hamburg und Köln vor und wahrscheinlich in vielen anderen Städten, in denen Ausländer in manchen Stadtgebieten nur unter ihresgleichen leben.

In diesen Stadtteilen hat der deutsche Staat den Zugriff verloren oder zumindest erheblich an Einfluss eingebüßt, was zum Beispiel die Kriminalitätsaufklärung angeht. Man lebt wie in einem Stadtstaat mit eigenen Regeln, Gesetzen, Schlichter, Friedensrichter, Parallelgerichten, die zum Teil von Großfamilien und Clans geleitet werden. Ein Grund dafür ist mitunter in den Heimatländern zu suchen. In vielen Dörfern gab es schlicht keine staatlichen Gerichte. Alles wurde dorfintern geregelt.

Weiterhin braucht man kein Supergenie zu sein, um zu merken, dass Flüchtlinge ein gefundenes Fressen für die meist kriminellen arabischen Clans sind. Diese tarnen oftmals ihre Arbeit unter dem Deckmantel der allgemeinen Flüchtlingshilfe. Welcher Flüchtling kann denn schon getrost auf angebotene Hilfe verzichten? Sie lassen sich gewollt oder ungewollt anwerben. Die Flüchtlinge dürfen meist nur die Drecksarbeiten erledigen, für die sich sogar Ausländer zu schade sind. „Was habe ich zu verlieren?" fragen sich einige.

Natürlich ist das ein nicht haltbarer Zustand. Aber was will und kann man machen? Deutschland ist selbst schuld! Deutschland hat es selbst soweit kommen lassen!

Stellen Sie sich einmal in Ihrer Phantasie folgendes vor:
Wie würden die Deutschen ausrasten, wenn nicht mehr „Deutschtum" am Ballermann praktiziert wird, sondern „Türkischtum"? Wie würden die Deutschen reagieren, wenn türkische Folklore und arabische Schlagermusik auf Sylt oder in Hamburg erklingen würden?
Seien wir ehrlich: die Mehrheit der deutschen Auswanderer-Community auf Teneriffa, Mallorca, etc. verändert kaum ihr Verhalten; geschweige, dass fließend spanisch gesprochen wird. Man bleibt in seinem deutschen Kreis, vertraut nur deutschen Immobilienmaklern und verlangt deutsche Handwerker - weil es ja so schön einfach ist, auf Deutsch zu kommunizieren - um genauestens erklären zu können, wo das Rohr nun genau verstopft ist oder ein Wasserschaden repariert werden muss.
Außerdem genießt das deutsche Handwerk einen sehr guten Ruf.

Dennoch verlangen wir in Deutschland, dass sich Ausländer bitte schnellstmöglich zu integrieren haben. Aber auch die deutsche Hausfrau kocht nach 30 Jahren nicht anders im Ausland wie in ihrer früheren Heimat. Sie sucht Geschäfte auf, in denen deutsche Zutaten zu erhalten sind. Sogar als Tourist für eine Woche sucht man täglich den Pommes-Schnitzel-Imbiss und holt seine deutschen Brötchen am besten aus der deutschen Bäckerei um die Ecke. Für nicht einmal eine Woche, sprich sieben Tage, kann oder will mancher Deutscher auf seine deutschen Essgewohnheiten verzichten.

Man hat die Ausländer unter sich gelassen und gehofft, dass eine Integration automatisch erfolgt. In erster Linie ging es nach dem Prinzip: „aus den Augen, aus dem Sinn."
Der Ausländer wurde toleriert und geduldet, solange er seine Herkunft und Kultur für sich behielt und nicht öffentlich zeigte. So war es in den 1960ger und 1970ger Jahren undenkbar, dass muslimische Frauen auf die Idee gekommen wären, von ihrem Recht, ein Kopftuch im Schulwesen zu tragen, Gebrauch zu machen. Wobei die Gesetzgebung schon damals zumindest eine Klage zugelassen hätte.

Kurzer Exkurs zum Kopftuch an dieser Stelle: In Ländern mit staatlich verordneter Kopftuchpflicht sind die Frauen meist froh, endlich hier in Deutschland das Kopftuch ablegen zu können. Für sie ist es eine Art Befreiung. Doch geschieht das Tragen eines Kopftuches freiwillig im Heimatland, wird das Kopftuch hier plötzlich zum Symbol für Gottesfürchtigkeit, Tradition und Ehre. Das Kopftuch ermöglicht es muslimischen Frauen, sich bewusst abzugrenzen. Die Kehrseite dieser Medaille ist, dass die Mehrheit der deutschen Bevölkerung sich denkt, dass diese Frauen sich bewusst aus- und abgrenzen wollen und reagiert darauf wiederum mit Ablehnung.

Die deutsche Bevölkerung würde es sogar begrüßen, wenn sich muslimische Frauen emanzipieren und sich dem Klammergriff der Männer entziehen bzw. befreien. Dennoch hatte sich die westliche Welt dieses „Kopftuch-Szenario" kaum wie folgt vorgestellt: Die muslimische Frau kann sich zwar von ihrem Mann etwas befreien, aber die Ehe mit Gott wird umso mehr mittels Kopftuch bekräftigt.

Dem Deutschen ist es völlig egal, ob Ausländer zu Gott, Buddha oder etwa Allah beten, solange sie es nicht vor seinen Augen machen. Schließlich leben wir in Deutschland in einem säkularen Staat, wo Staat und Religion getrennt sind. Falls man als Atheist an nichts glaubt, ist das auch okay. Aber in Dörfern, auf dem Land und in Bayern sieht die Realität doch noch etwas anders aus. So hängt – wenn auch nicht mehr in allen Klassenräumen einer Schule - in vielen Behörden über den Türrahmen ein Kreuz. Natürlich gibt es auch integrierte und emanzipierte Muslima, denen man ihre Herkunft und ihren persönlichen Glauben nicht ansieht. Für das deutsche Auge stellen diese muslimischen Frauen gleichsam keine Störung dar.

Eine Frage:
Woher sollen muslimische Frauen wissen, wie man sich zu verhalten hat, ohne die eigene „Identität" leugnen zu müssen? Wenn deutsche Frauen ins Ausland reisen, benehmen sie sich ja auch nicht sofort ab der Landung am Flughafen wie einheimische Frauen. Woher sollten sie dieses und jenes wissen? Denn „Do's and Don'ts" werden nicht über die Luft übertragen!
Da gibt es viele Bücher mit kulturellen Unterschieden. Aber nicht jeder Deutsche liest sich vor dem Urlaub ins Ausland landestypische Verhaltensregeln durch und verinnerlicht diese, geschweige denn, dass ein Reiseführer über die Urlaubsdestination gelesen wird.

Die gebuchte Clubanlage mit „All Inclusive"-Verpflegung reicht doch schon an sich aus.

Oder?

Fortfressende Folgeschäden

Meinen Sie, dass die türkischen Mitbürger hier in Deutschland gut integriert sind?

Die Deutschen denken beim Wort „Türken" an vieles, aber bestimmt nicht an den Leuchtturm der Integration. Wenn dies differenziert betrachtet würde, würde man feststellen, dass die kulturelle Integration total versagt hat oder größtenteils gar nicht stattgefunden hat.

30.000 türkische Arbeiter ans Fließband zu stellen war okay. Aber es bestand seitens der Firmen und der deutschen Politik keine Absicht, die Gastarbeiter während ihres Aufenthaltes in Deutschland in die Gesellschaft zu integrieren. Selbst wenn es nicht verpflichtend gewesen war; ein wenig Menschlichkeit und „an die Hand nehmen", wie man es mit Gästen macht, wäre nun echt nicht „Zuviel des Guten" gewesen, sondern einfach nur nett, menschlich und freundlich. Ja, es hätte Geld gekostet. Der Geschmack des Kapitalismus ist manchmal sehr bitter.

Diese Früchte erntet gerade der deutsche Staat.

In diesem Kapitel nehme ich explizit die türkischen Mitbürger als Beispiel.

Bei den heutigen Flüchtlingen kann immer wieder gesagt werden, dass die Eingliederung oder - wenn Sie es hören möchten – die Integration nicht so schnell gehen würde und dass man den Menschen einfach Zeit geben müsste. Aber würde einer der sogenannten Experten sowas über die Türken sagen ohne sich lächerlich zu machen?

Ein türkischer Kommilitone namens Ali frug mich mal, ob ich denn wüsste, warum so viele Türken nach Deutschland kamen und ob ich das Wort „getürkt" nicht für respektlos hielte. Bevor ich Luft holen konnte, schob er die dritte Frage hinterher. Er wollte des Weiteren von mir wissen, warum sie denn immer noch hier wären.
Ich fasste mich kurz und verneinte alle Fragen.

Er lachte und erklärte mir seine Theorie, die ich gar nicht so abwegig empfand. Er meinte, dass er vieles aus eigener Erfahrung berichten könne. Seine Großeltern waren aus Ost-Anatolien vor über 40 Jahren nach Deutschland gekommen. Zuerst nur sein Großvater, der aus einem kleinen Dorf stammte. Er arbeitete am Fließband bei einem angesehenen deutschen Automobilunternehmen; zusammen mit weiteren Gastarbeitern aus der Türkei.
Viele von ihnen kamen aus derselben Region oder sogar aus demselben Dorf, kannten sich bereits von früher oder waren sogar miteinander verwandt. Dies führte dazu, dass man überhaupt nicht gezwungen war, deutsch zu lernen. Für die bürokratischen Formalitäten bekam man Hilfe vom Arbeitgeber. Man musste sich um nichts kümmern oder half sich untereinander.

Nach und nach holten sich die Männer aus ihrer Heimat weibliche Gesellschaft. So auch sein Großvater, der nach etwa drei Jahren zurück in sein Dorf fuhr, um eine ihm dort ausgesuchte Frau zu heiraten. Diese brachte er wieder nach Deutschland mit. Die Männer waren damals noch recht jung und daran gewöhnt, früh zu heiraten und eine Familie zu gründen. Selbstverständlich verbrachten auch die türkischen Ehefrauen viel Zeit miteinander und untereinander.

Die nach und nach geborenen Kinder wurden peu á peu in diese neu geschaffene Welt inkludiert. So sei das ebenso mit seinem Vater geschehen. In Deutschland spielte man in einem türkischen Fußballverein, doch die Urlaube verbrachte man in seiner alten Heimat. So hatte man sich eine bizarre Welt geschaffen.

Ali selbst sei genauso aufgewachsen: Urlaub in der Türkei, Fußball im türkischen Verein, türkische Ärzte, türkische Teehäuser, türkischer Friseur, türkischer Supermarkt; und mittlerweile gäbe es ja gleichsam türkische Diskotheken und türkische Raucherclubs.

Es bestand einfach kein Bedarf für eine Integration. Er meinte zu mir, dass der deutsche Plan auch funktioniert hätte, wenn man wieder zurück in die Heimat gekehrt wäre. Sie hätten ja schnell wieder Anschluss in der alten Heimat finden können, weil sie ja in Deutschland nicht integriert waren und die türkische Landessprache weiterhin beherrschten. Es wäre ein kurzes, aber schönes Gastspiel gewesen.

Nur entwickelten sich die Dinge halt anders als gedacht.

Ali frug mich dann, ob ich denn wüsste, was ein Schwarztürke bzw. ein Weißtürke sei. Ehrlich gesagt, fiel mir dazu nicht einmal ein schlechter Witz ein.
Ich hatte null Ahnung.
Er klärte mich auf: „Ein schwarzer Türke gehöre der unteren Schicht an und ein weißer Türke der Oberschicht." Er selbst bezeichnete sich mit einem Schmunzeln als Schwarztürke. Darauf war er irgendwie stolz. Warum auch nicht? Zu Recht, denn er hatte es aus eigenem Antrieb und eigener Leistung geschafft, eine deutsche Universität zu besuchen.

Einen Grund für die misslungene Integration der Türken sah er in ihrer Herkunft. Die in Deutschland geborenen Schwarztürken wären der Religion und dem Islam sehr zugeneigt. Sie hätten nichts geschenkt bekommen. Die untere Schicht ist traditionell religiöser geprägt als die obere gebildete Schicht.
Das gilt nicht nur für die Türkei, sondern auch für Deutschland und wahrscheinlich weltweit.

Er sagte mir ganz offen, dass sein Großvater in die Kategorie Analphabetismus einzustufen wäre und dass er selbst der erste aus seiner Familie mit Schulabschluss sei und der erste, der in Deutschland studiere. Ich meinte, dass sei doch toll und positiv. Aber er entgegnete mir mit Blick auf den Boden, dass es viel zu wenig wäre, wenn erst in der dritten Generation ein einziger sich an einer deutschen Hochschule versuchen würde. Weiterhin könne es nicht sein, dass seine Großeltern nach über 40 Jahren noch immer kaum Deutsch sprechen würden. Der Großvater hätte nach seiner Pensionierung das wenige gebrochene Deutsch, dass er überhaupt konnte, schnell wieder verlernt. So musste Ali beide Großeltern noch immer als Dolmetscher zu Ärzten und Ämtern begleiten.

Er gab mir zu bedenken, dass ich nicht vergessen solle, welcher Schlag von Türken im Ausland einen Neuanfang gewagt hatte. Er meinte, dass, wenn man gebildet und Arbeit gehabt hätte, nie auf die Idee gekommen wäre, die Heimat zu verlassen. Es wäre wohl eher die ungebildete und arbeitslose Schicht aus den Dörfern gewesen, die das Land verlassen hätte; genauso, wie sein Großvater. Man wollte sich durch das erarbeitete Geld in der Heimat ein Haus bauen und den Rest sinnvoll investieren.

Er schmunzelte und meinte, dass es auch zum Teil so gekommen sei. Sein Großvater hätte mittlerweile vier Häuser; sein Vater besäße drei Häuser. Diese seien aber alle vermietet außer einem einzigen Haus, wo die Familie ihre Urlaube verbringt. Die Mieten würden sie einmal im Jahr nach Deutschland transferieren. Das Problem wäre, dass die Generation vor 40 bis 50 Jahren zwar an die Zeit ihrer Pensionierung gedacht hatte - siehe Altersvorsorge durch die Häuser - aber da ging es lediglich um eine materielle Absicherung!

Doch über die kulturelle und die gesundheitliche Altersabsicherung wurde nicht wirklich nachgedacht. Erst jetzt, wo man alt geworden ist und die Wehwehchen so langsam anfangen, will man auf die ärztliche Versorgung in Deutschland nicht mehr verzichten. Außerdem leben alle Kinder und Enkelkinder des Großvaters hier in Deutschland. Familiäre Hilfe gäbe es in der Türkei in dieser Form nicht. Dennoch kann es nicht sein, dass der ein oder andere Alt-Ausländer nach über 20 oder 30 Jahren keinen normalen Satz geradeaus sagen kann.
Es wird ja nicht verlangt, wie eine Nachtigall zu singen, aber man sollte schon in der Lage sein, eine normale Konversation zu führen.

Ich ahne schon. Sie denken jetzt, dass man aufgrund eines einzigen Falles keine Rückschlüsse auf alle anderen ziehen sollte. Ich sollte keine Generalisierung vornehmen. Doch dieser Fall ist für mich keineswegs ein Einzelschicksal. So erging es vielen Gastarbeitern. Das Fatale ist dennoch, dass man mit normalem Menschenverstand auch das Konzept der Gastarbeiterkultur hätte zu Ende denken können. Das geschah aber leider nie.

Die Politik hatte gehofft, dass sich dieses zu erwartende Problem von alleine lösen würde, oder noch verheerender, dass die zukünftigen Generationen es lösen würden, so wie auch bei der Atomabfallentsorgung.
In der Zukunft sollen alle Probleme gelöst werden, nicht jedoch in der Gegenwart.

Deutschland brauchte nach dem Zweiten Weltkrieg und nach Gründung der Bundesrepublik Deutschland schnelle Erfolge. Und der Wiederaufbau des Landes sollte mit allen Mitteln vorangetrieben werden. Mein Eindruck heute ist, dass damals keine Entscheidungsträger am Werk waren, die mit Weitsicht handelten. Zu dieser Zeit gab es gleichsam keine großen Erfahrungen mit Zuwanderern und Integration. Die Mehrheit der sogenannten Flüchtlinge bzw. Heimatvertriebene nach Kriegsende war ja bereits deutschstämmig, deutschsprachig und mit der deutschen Kultur vertraut.

Die Gastarbeiter hatten meistens nichts von all dem.
Zurück zu Alis zweiter Frage:
Das Wort „getürkt" sei in die deutsche Sprache inzwischen besser integriert als die Türken selbst, meinte Ali. Jetzt musste ich selbst schmunzeln. Er hatte den Nagel mitten auf den Schädel getroffen und meinte, dass die Deutschen sich zwar mittlerweile politisch korrekt verhalten wollen, aber um uns Türken einen riesen Bogen schlagen, obwohl wir mit ihnen seit vielen Jahrzenten zusammen leben.

Zu „Negerkuss" und „Mohrenkopf" sagen sie heutzutage „Schoko- oder Schaumkuss". Zigeuner werden nun als Sinti und Roma bezeichnet, obwohl die Deutschen gar keine Ahnung hätten, was der Unterschied sei.

Die „Neger" wurden erstmal zu „Schwarzen", dann zu „Farbigen" und mittlerweile bezeichnen manche sie schon als „Schwarzpigmentierten". Indessen machen sich die Deutschen mehr Sorgen um die Genderneutralität in der deutschen Sprache als um vieles andere.

Dennoch wird weiterhin eine Fälschung mit den Türken assoziiert. Keiner zuckt zusammen, falls er „getürkt" hört. Aber wehe, wenn einem das Wort „Neger" über die Lippen rutscht.

„Was würde der Deutsche denken, wenn die Türken „gedeutscht" sagen würden, falls man darauf hindeuten möchte, dass etwas Barbarisches geschehen ist?" Ich nickte beschämt, weil ich spontan genauso empfand. Ja, ich empfand stellvertretend die Scham eines Deutschen.

Um es wieder annähernd gut zu machen, bitte ich Sie, mich zu unterstützen und das Wort „getürkt" nicht mehr zu benützen.

Damit Sie keine Entzugserscheinungen erleiden, biete ich Ihnen *„ge-europed"* an.

Die Türken würden sich sehr freuen. Zumal die Türkei ja nicht Mitglied der EU ist.

Beginn der Zystenbildung

Die erste Zeit als Ausländer in Deutschland ist meines Erachtens die Schwierigste. Klingt ja irgendwie auch logisch. So ist das meistens in einem Land mit einer fremden Sprache und Kultur. Ist vermutlich überall ähnlich. Trotzdem wird behauptet, dass es Kindern viel einfacher falle, Anschluss zu finden. Das ist aus meinen Erfahrungen her nicht ganz richtig!
Verständlich, am Anfang herrschen bei den Ausländerkindern noch Euphorie und der Wille, etwas zu lernen. Sobald diese Stufe jedoch erklommen wurde, fängt die eigentliche Integrationsarbeit erst richtig an. Denn die Ausländer und Flüchtlingskinder bemerken schnell, dass es nur ein erster, kleiner Schritt war. Nach Erlernung der Sprache, die natürlich noch holprig zu Beginn ist, wird vielen erst richtig bewusst, dass eine Integration keineswegs erreicht worden ist. Jeder Spracherwerb ist ähnlich: Die ersten 70 Prozent gehen schnell, aber für die restlichen 30 Prozent braucht man gefühlt den Rest seines Lebens. Generell kann man als Kind sowieso mit dem Begriff Integration nicht viel anfangen. So manch Erwachsener steht mit diesem Begriff da wie ein Bonsaibäumchen. Deshalb kann man von Kindern nicht mehr verlangen als von Erwachsenen. Man ist jetzt nur in der Lage zu verstehen, was im Fernsehen, Zeitungen und Medien gesprochen wird. Mehr ist es nicht.
Und seien Sie bitte mal jetzt ganz ehrlich. Es heißt zwar: Kindermund tut Wahrheit kund. Aber diese Münder können auch sehr verletzend sein. Das war schon immer so. Einige Mitschüler interessieren sich für Neuankömmlinge, doch die Mehrheit der Schüler verbringt ihre Zeit mit Gleichgesinnten. Die Reichen hängen zumeist mit den Reichen ab und die Armen mit den Armen.

Des Weiteren hängen Ausländer mit Ausländern ab, wenn zu viele Ausländer auf einem Haufen leben. Die größte Schnittmenge und vielleicht ebenso die Explosivste ist die Schnittmenge der ärmeren deutschen Schicht mit den Ausländern. Bitte verstehen Sie mich nicht falsch! Diese Ursuppe bildet einen Hauptpfeiler der Integration!

Gewiss wollen Flüchtlinge ebenso in die großen Städte ziehen. Ihre Kinder sollen alle Optionen wie Universitäten, verschiedene Schulformen und Vereine zur Auswahl haben. Dort, wo es schon Landsleute gibt, existiert meistens ebenso eine einheimische Struktur inklusive Supermärkten mit importierten Herrlichkeiten und Gaumenfreuden aus dem Heimatland. Spätestens nachdem Flüchtlinge ihre nötigen deutschen Papiere besitzen, werden die meisten in die Städte ziehen wollen. Doch so weit, wie es die deutsche Politik aktuell hinsichtlich Städtebau und Wohnungsmarkt kommen lassen hat, wird es sich nicht vermeiden lassen, dass wieder neue Stadtviertel mit Migranten entstehen.
In vielen Städten und Vierteln bleibt die ärmste Schicht, welche vornehmlich aus Ausländern, Hartz 4 Empfängern, Arbeitslosen und Arbeitern aus dem Niedriglohnsektor besteht, unter sich. Die Ausländer, denen es finanziell besser geht, Integrationswillen und die Möglichkeit haben, schicken ihre Kinder auf Schulen mit niedrigem Ausländeranteil, damit die Chancen für ihre Kinder steigen, wenn diese mit deutschen Kindern spielen und mit ihnen gemeinsam zur Schule gehen.
Das kenne ich selbst noch aus eigener Erfahrung. Mein Vater war der Ansicht, dass ich von Deutschen lernen müsste. Schließlich sei es deren Land und nur der Deutsche könne mir etwas von Deutschland beibringen. Vor allem die Sprache könne man so am besten erlernen.

Aus heutiger Sicht war es vielleicht ein wenig zu einfach gedacht, jedoch im Kern noch immer zutreffend. Man lernt nur sehr bedingt von anderen Ausländern etwas über die Deutschen, außer vielleicht Vorurteile. Dennoch bringt das Erlernen der deutschen Sprache etwas: nämlich die Standortbestimmung! Die Ausländer können sich untereinander austauschen und sehen, wo sie in der deutschen Gesellschaft stehen. Was sie mit diesem erlangten Wissen anfangen, steht auf einem anderen Blatt.

Als Kind hatte ich den Eindruck, dass meine Mitschüler zwischen der Exotik des Fremden und der Angst vor dem Unbekannten gespalten waren. Vor allem vermittelten ihre Eltern kein besonderes Interesse an fremden Kindern. Wie ich bereits erwähnte, ist man das Produkt seiner Erziehung. Wenn Eltern nicht vorangehen, um Kinder etwas vorzuleben und zu erklären, darf man auch keine Wunder erwarten. Kinder führen mit ihren Eltern keine Grundsatzdiskussionen, aber sie spüren die Gedanken ihrer Eltern. Viel mehr als den meisten Erwachsenen bewusst ist. Auch das Unausgesprochene spüren sie!
Genauso wie Eltern in ihren Kindern lesen können, tun dies ebenso Kinder in ihren Eltern. Es ist keine Einbahnstraße. Eltern sind die ersten Vorbilder für ihre Kinder.
Kinder streben nach ihren Idolen und wollen so werden wie sie. Was aber macht ein Kind, wenn es aus gesellschaftlicher Sicht ein falsches Vorbild hat? Da kann man lediglich darauf hoffen, dass die Kinder eines Tages als Jugendliche oder Erwachsene ihre Idole hinterfragen und sich eine eigene Meinung bilden.

Wie gesagt: Hoffen darf man, jedoch nicht unbedingt erwarten.

Zysten der Gesellschaft könnten aufplatzen

Viel zu oft lese oder höre ich das Wort „Integration". Es klingt wie ein Wort, dass die Lösung in sich verbirgt. Wenn man es nur oft genug gebetsmühlenartig wiederholt, dann würden Bürger und Betroffene schon etwas damit anfangen können. Leider scheint das nur ein Trugschluss zu sein.

Der Bürger hingegen kommt immer mehr zur Erkenntnis, dass es sich dabei nur um Slogans handelt. Hohle Sätze, die wie Seifenblasen sind: schön anzusehen, aber ohne jeglichen Inhalt. Es soll davon abgelenkt werden, dass man wie ein Ochse vor dem Berg namens Integration steht und keine Ahnung hat, was man machen soll. Es ist ja nicht so, als ob der Staat nicht am Start wäre. Der Staat weiß einfach nicht, was er machen soll.
Er kommt überhaupt nicht aus den Startlöchern.

Das Problem mit der Integration gärt seit Jahrzehnten vor sich hin. Man hat stets das Beste gehofft und gedacht: alles würde sich schon irgendwie wieder einrenken. In letzter Zeit ist mir bei unseren Bundestagsabgeordneten aufgefallen, dass sie gefühlt in jedem dritten Satz das Wort „Integration" benutzen. Vor allem Bundestagsabgeordnete mit Migrationshintergrund fühlen sich dazu aufgerufen.
Getreu dem Leitsatz: Bevor ich nichts zum Thema sagen kann, werfe ich das Wort „Integration" in den Raum. „Mir muss man ja glauben, weil ich selbst Migrationshintergrund habe."

Zu diesem Thema haben fast alle eine Meinung: Betroffene und Nichtbetroffene.

Für mich ähnelt es sehr einer Nebelkerze. Es wird der Eindruck vermittelt, dass etwas passiert. Aber genauso wie der Rauch sind auch die Worte nebulös. Jeder kann sich unter „Integration" alles und nichts vorstellen. Im gesamten Grundgesetz kommt dieser Begriff nicht vor. Egal, wer und mit wieviel Prozent Deutschland regierte, hat sich bis heute dieser Thematik nicht angenähert. Angeblich wird jetzt aber an einem Integrationsgesetz und Einwanderungsgesetz gearbeitet.
Mit Verlaub: Erst jetzt, da die Kacke für alle riechbar ist und bis zum Himmel stinkt?

Und? Merken Sie was?
Wie gesagt: Falls Probleme am Horizont auftauchen und das Problem einschlägt wie ein Blitz, denkt man über neue Gesetze nach. Somit kann keiner behaupten, dass man nichts unternehme. Egal, wie sinnvoll oder unsinnig ein Gesetz sein mag.

Maximal ist die Integration ein nacktes Skelett mit Nichts dran. Die Integration braucht aber Fleisch auf den Knochen. Um Fleisch auf den Knochen zu bekommen, bedarf es der Sprache. Die Sprache ist der Klebstoff, der das Fleisch an den Knochen zusammenhalten kann. Tja, und das Fleisch ist die kulturelle Integration. Das eine geht in das andere über.
Nur die Verbindung zwischen der sprachlichen und kulturellen Integration kann zu einer erfolgreichen Integration führen. Ich bezeichne das als eine „Zwei-Komponenten-Integration", bestehend aus Sprache und Kultur. Ich lasse bewusst die Religion in diesem Punkt aus dem Spiel. Nur wenn dies gelingt, kann Verständnis für die andere Kultur entstehen.
Dies ist mitnichten eine Einbahnstraße!

Stellen Sie sich mal folgendes vor:

Sie lassen jeden Tag ihre Tür weit offen, falls ein Gast eintreten möchte. Weil Sie so ein guter Gastgeber sind, wollen Sie - falls mal ein Gast kommt - dass dieser nie wieder weggeht. Sie wollen ihn in ihr Leben integrieren. Stellen wir uns das Gleiche nun mit verschlossener Tür vor. Da schätze ich die Chance geringer ein, dass sich eine Person zu Ihnen verirrt. Selbstverständlich möchten Sie ebenso nicht, dass der Gast Ihre Tür eintritt und sich selbst zu Tisch bittet.

Sie merken, dass beide Fälle nicht aufgehen! Es kann nur klappen, wenn sich beide Seiten an die Regeln halten und den Willen dazu besitzen. Erst einmal müssten Sie den zukünftigen Gast einladen wollen und dieser müsste Ihre Einladung auch annehmen.

So weit, so gut. Des Weiteren muss sich der Gast in Ihren vier Wänden benehmen können, oder nicht? Mit Zwang gelingt absolut nichts.

Der erste Schritt muss von Menschen kommen, die in ein neues Land und in eine neue Kultur aufgenommen werden möchten. Kurz gesagt: von Ausländern, die hier in Deutschland eine neue Heimat suchen. Es versteht sich von selbst, dass man nicht wie damals nach Amerika einreisen und es mit seiner eigenen Sprache, Kultur, Religion und Tradition besiedeln konnte. Deutschland ist schon besiedelt. Außerdem sind die Deutschen keine Indianer, die man in Reservoirs einsperren könnte.

Die Sprache ist der erste und wichtigste Schlüssel für die erste Tür in jedem neuen Land, in dem man leben möchte. Wenn man die Sprache soweit beherrscht, dass man annähernd kommunizieren kann, steht man vor der zweiten Tür.

Den zweiten Schlüssel erhält man, wenn man ein Gespür für die Kultur entwickelt.

Falls der Fremde diese beiden Türen durchschritten hat, geht die Arbeit erst richtig los. Jetzt wird nämlich dem Fremden bzw. dem Ausländer klar, dass Deutschland und die Deutschen nicht alle gleich ticken. Der Norddeutsche hat ein gewisses Bild vom Süddeutschen, der Ostdeutsche vom Westdeutschen und die Deutschen von ihren Nachbarländern.

Um diese Feinheiten zu begreifen reicht es nicht, in Deutschland zu leben. Man muss mit und unter Deutschen leben! Mit den Deutschen feiern, trauern, diskutieren und - wenn es sein muss - auch streiten. Wie schon erwähnt ist dies keine Einbahnstraße. Genauso kann der Ausländer auch den Deutschen seine Kultur und Traditionen mit all den kleinen Finessen erklären.

So kann zumindest Verständnis wachsen und die Angst vor dem Fremden eingedämmt werden. Man kann Verständnis von den Deutschen erwarten, weil man vielleicht sein Heimatland wegen Krieg verlassen musste. Aber verlangen kann man es nicht! Zwar ist Deutschland ein Land, in dem Wohlstand und Frieden herrscht, dennoch verspüren die Deutschen dieselben Sorgen und Ängste wie anderswo.

Vielleicht ist der Deutsche sogar besorgter und ängstlicher, weil er gefühlt mehr zu verlieren hat als derjenige, der schon alles verloren hat. Das muss man auch sehen und die Sorgen der deutschen Bürger ernst nehmen.
Deutschland macht seit 30 Jahren große Veränderungen durch: Die Wiedervereinigung, Wegfall des Ostblocks und Zuströme aus dem Ausland. Allein die Wiedervereinigung hat Deutschland vor eine riesengroße Herausforderung gestellt.

Das Wort „Gastarbeiter" sagt schon alles. Du bist bei uns, um zu arbeiten und derweil bist du unser Gast. Oder anders ausgedrückt: Du bist ein Gast, der hier arbeiten soll.
Wissen Sie, wenn man eine Sprache erlernt, dann möchte man wissen, wie Einheimische etwas bezeichnen und warum sie es so bezeichnen.

Zumindest ist es bei mir so. Ich versuche, die Logik meines Gegenübers zu verstehen.
Leider Gottes stelle ich immer mehr fest, dass der deutsche Muttersprachler selbst oft gar nicht weiß, warum er sich so ausdrückt, gerade diese Worte auswählt oder benützt. Gewiss muss man nicht andauernd nachdenken, wenn man redet, aber ab und zu kann es nicht schaden.

Beim Wort „Gastarbeiter" frug ich mich zuerst, wie unhöflich und gemein das von Deutschen ist. Man lädt Menschen zu sich ein und erwartet, dass sie für ihr Essen arbeiten. Will man da überhaupt Gast sein?
Wissen Sie, was das Beste an einem Gast ist?
Er geht wieder!
Und wissen Sie, was ein guter Gast ist?
Er bringt etwas mit und weiß vor allem, wann er gehen muss.

Die Ironie ist, dass die Erfinder dieses Wortes wahrscheinlich genau das gedacht oder gemeint hatten. Wie Sie es vielleicht erahnen, spiegelt sich diese Vorstellung nicht in der Realität wider. Aus dem Gastarbeiter wurden Dauergäste. Zumindest empfindet das ein Teil der Bevölkerung so. Dennoch brauchte Deutschland die Arbeitskräfte aus dem Ausland. Sie erledigten Arbeiten, für die sich zum Teil die Deutschen zu schade waren.

Unglücklicherweise stellt sich der Mensch wenig Fragen, wenn alles gut läuft. Keiner wollte seinerzeit wissen, warum es gut läuft. Außerdem würden die Gäste eines Tages wieder mit vollen Taschen zu sich nach Hause zurückkehren.

Ein schlechter Gast ist meist ein Gast, der sich selber einlädt. Vielleicht will er ebenso bestimmen, wie er unterhalten werden möchte. Das sind Gäste, die unaufgefordert selbst zur Musikanlage gehen und eigenhändig festlegen, was sie hören möchten. Selbstredend legen sie damit auch die Lautstärke fest.

Was aber nicht geht, sind Gäste, die hier in Deutschland die Gesetze für sich neu interpretieren!

Schauen Sie sich die Attentäter von Brüssel einmal genauer an! Es waren Menschen, die in Belgien geboren wurden und dort aufwuchsen. Aber sie lebten in sogenannten Problemvierteln, wo sie unter sich waren. Dabei ist es gleichsam egal, ob die Herkunftsländer Marokko, Algerien oder Tunesien heißen. Man könnte ebenso die belgische Integrationspolitik kritisieren, indem man der belgischen Regierung vorwirft, dass gar keine erfolgsversprechende Integrationspolitik betrieben wurde. Das Muster von fehlgeleiteter Integrationspolitik in mehreren europäischen Ländern wiederholt und ähnelt sich erschreckend oft.

Trotzdem muss sich Deutschland auf seine Probleme und Schwierigkeiten im eigenen Land sorgen und konzentrieren.
Die marode Integrationspolitik hat einen Rattenschwanz, der Jahrzehnte zurückreicht.
Man müsste komplett neue Konzepte entwickeln und diese immer wieder auf den Prüfstand stellen. Falls ein Konzept nicht aufgeht, sollte es über Bord geworfen werden, um nicht weiterhin kostbare Zeit zu vergeuden.

Alte Strukturen müssen hinterfragt und neue Strukturen geschaffen werden, die auch in der Realität umgesetzt werden können und nicht nur auf theoretischen Überlegungen und Gedankenmodellen basieren. Keine Struktur, die uns vormacht, dass die Welt für alle ein heller Ort ist. Logischerweise wachsen Strukturen nicht wie reifes Obst auf Bäumen, die wir nur pflücken müssten.
Dennoch könnte wenigstens an einer Vision gearbeitet werden, die Aussicht auf Erfolg hat. Deutschland muss neue Rezepte für die Integration 2.0 entwickeln.

Mit einem „Weiter so" werden viele Schichten unserer Gesellschaft weiter einen langen düsteren Schatten vor sich herschieben.

Hier ein Vorschlag: Schulfach „Islam".

Dieses Fach könnte zumindest in Schulen mit vielen muslimischen Kindern angeboten werden - genauso wie christlicher Religionsunterricht. Und am besten zur gleichen Zeit im Stundenplan. Dann hätte man Einfluss auf Lehrer und Lehrpläne und es würde in deutscher Sprache unterrichtet werden.

Aktuell unterrichten oft türkische Lehrer an deutschen öffentlichen Schulen auf Türkisch, ohne dass weder sie selbst noch der Inhalt des Lernstoffes von den deutschen Behörden kontrolliert oder gar geprüft wird.
Jetzt frage ich Sie mal etwas: Wer bezahlt diese Lehrer eigentlich? Ein Schelm, wer hofft, dass diese Lehrer nicht der türkischen Regierung unterstehen und von ihr finanziert werden. Folgerichtig wird der Einfluss von staatstreuen Lehrern aus der Türkei zunehmen bzw. hat zum Teil schon stark zugenommen. Das sieht man vor allem in Berlin. Bereits seit 2002 hat sich die Zahl des sogenannten Konsulatsunterrichts von 1500 auf 3000 Schüler verdoppelt. Allein in Berlin!

Des Weiteren besteht ein Riesenproblem darin, dass Gestaltung und Kontrolle des türkischen Religionsunterrichts von Bundesland zu Bundesland unterschiedlich organisiert sind. Als Beispiele dienen Hamburg und Berlin. In Hamburg wird der Konsulatsunterricht finanziell unterstützt. Dagegen werden in Berlin nur Unterrichtsräume zur Verfügung gestellt. Die Lehrerverbände kritisierten schon Ende November 2016 vehement diese Handhabung und forderten zum Beispiel vom Land Hessen eine Abkehr vom herkunftssprachlichen Unterricht.

Die Verbände möchten, dass der Unterricht wieder unter die Aufsicht des Landes Hessen fällt. So, wie es bis vor einigen Jahren noch der Fall war.

Ich möchte jetzt auch nicht hören, dass dieser Weg nicht geeignet wäre, um Kinder zu indoktrinieren und zu politisieren. Die Lehrer werden nach Deutschland geschickt und sollen hier fünf Jahre ihre Tätigkeit ausüben. Es ist nichts Verwerfliches dabei, wenn die Sprache gepflegt wird, um den Kindern vernünftiges Türkisch beizubringen. Doch was hat „Heimatkunde" damit zu tun? Sind dafür nicht die Eltern zuständig?

Der türkische Präsident hat nach dem gescheiterten Putschversuch Zehntausende regierungskritische Lehrer entlassen, weil sie in seinen Augen nicht systemkonform waren. Warum sollte der türkische Präsident vor Deutschland Halt machen? Meinen Sie nicht, dass er die eingesetzten Lehrer in Deutschland durch regimetreues Personal ersetzen könnte?

Kritiker befürchten zu Recht, dass nationalistische Inhalte vermehrt im Unterricht gelehrt werden. Dabei darf man nicht vergessen, unter welchem Vorwand der Konsulatsunterricht eingeführt wurde. Der Hauptgrund war, dass die „Rückkehrer-Kinder" schneller in das Schulsystem der Türkei integriert werden sollten. Aber seien wir mal ehrlich: Wie viele türkische Kinder sind denn zurückgegangen, um dort eine Schule zu besuchen?

Warum kann der deutsche Staat nicht selbst diese Verantwortung und Aufgabe in die eigenen Hände nehmen, und in unserem Fall türkische Sprachlehrer ausbilden und an Lehrplänen mitarbeiten lassen?

Als Ausländer sollte man in die Seele Deutschlands blicken

Damit eine Integration der Ausländer in Deutschland klappt, braucht es ein Duales System. Einerseits wird in den Medien meist dargestellt, dass die Deutschen ein Gefühl der Bringschuld hätten. Andererseits wird suggeriert, dass sich der Ausländer integrieren lassen möchte.

Wir müssen diese Situation allerdings anders beleuchten!
Deutschland kann in erster Linie nur Rahmenbedingungen schaffen. Die Bringschuld haben wir Ausländer. Dass man sich an Gesetze des Landes halten muss, versteht sich von selbst. Es ist ebenso selbstredend, dass Traditionen, Kultur und gesellschaftliche Eigenheiten des Landes respektiert werden müssen. Doch all das kann man still und leise machen. Es braucht zum Beispiel keine Worte für Gesetzestreue, aber es bedürfen Worte, wenn man sich kennenlernen will.
Was wollen Ausländer mit der erlernten deutschen Sprache überhaupt anfangen? Wollen sie nur die deutsche Bürokratie bewältigen und es in der Arbeitswelt einfacher haben?

Das wäre zu kurz gegriffen!
Mit der erlernten Sprache verschafft man sich Zugang zur Seele einer Gesellschaft. In unserem Fall verschafft man sich die Möglichkeit, die deutsche Kultur und Gesellschaft besser kennenzulernen. Das kann im Idealfall in einer gesellschaftlichen Integration münden und - wenn es sein muss - mithilfe der Zeichensprache erfolgen. Hauptsache, es wird kommuniziert. Je besser man kommunizieren kann, desto besser versteht man sein Gegenüber.

Ich bin der Meinung, dass man seinen Gesprächspartner erst richtig verstehen kann, wenn man einen gemeinsamen Nenner in der Sprache gefunden hat. Und dass man überhaupt auf die sprachlichen Eigenheiten der deutschen Sprache nicht eingeht, zeigt mir, dass die Verantwortlichen der Integrationspolitik keine Vorstellung von den Sachen haben, über die sie reden.

Die deutsche Sprache ist eine sehr wuchtige Sprache. In der deutschen Sprache gibt es Eigenheiten, die man so zum Beispiel aus anderen europäischen oder angelsächsischen Sprachen her nicht kennt. Es gibt nur wenige Sprachen, in denen etliche eigenständige Wörter aneinandergereiht werden können. In der deutschen Sprache kann es sogar einen neuen Sinn ergeben.

Ich gebe Ihnen mal ein Beispiel. Freunde von mir und ich saßen in „internationaler" Runde sprich aus verschiedenen Ländern – mehrheitlich Tunesien, Algerien, Deutschland, Iran und Italien - beisammen und unterhielten uns. Manche von ihnen sprachen nur gebrochenes Deutsch. Somit konnte ich zeitgleich mehreren Sprachen folgen.
Und glauben Sie mir: Arabischsprachige Menschen können sehr schnell, sehr viel und sehr laut sprechen. Dass alle gleichzeitig redeten, verstand sich von selbst. Während diejenigen, die der arabischen Sprache nicht mächtig waren, gerade schwiegen und sich berieseln ließen, fiel plötzlich das Wort: „*Wohnberechtigungsscheinformular*".
Und plötzlich war uns allen klar, worum es ging! Ich war überrascht, dass Menschen, welche die deutsche Sprache kaum beherrschten, so ein langes Wort fehlerfrei aussprechen konnten. Nun ja, wahrscheinlich hatten sie dieses Wort mehr als nur einmal in ihrem Leben gehört.

Egal, wo auf diesem Planeten: Die Sprache ist der Schlüssel zur Welt. Es gibt nicht *„Die Eine"* Integration. Integration besteht aus vielen kleinen Mosaiksteinchen, die sich nach und nach zu einem Bild zusammensetzen.
Im Idealfall!

Einer Sache müssen sich die in Deutschland lebenden Ausländer aber immer bewusst sein: Das Mosaikbild wird nie vollendet werden. Ganz egal, wie lange sie in Deutschland leben und ganz egal, wie gut man Deutsch sprechen mag. Sogar, wenn man eingebürgert ist. Ich habe auch am Anfang den Fehler gemacht, mich zu sehr unter Druck zu setzen. Man wollte dazugehören und nicht außen vor bleiben. Manche Ausländer laufen wie der Esel hinter der deutschen Karotte hinterher und denken, dass sie irgendwann die Karotte einholen könnten. Aber es ist physikalisch gar nicht möglich. Man kann nicht deutscher sein als der Deutsche selbst. Muss man aber auch nicht!

Deutsch erlernen heißt nicht, wie man lernt, ein Deutscher zu sein. Die deutsche Sprache ist ebenso nicht gleichzusetzen mit „deutsch sein" oder „wie man lernt, sich deutsch zu verhalten". Es würde schon reichen, wenn man die deutsche Kultur, die Tradition und die Lebensweise versteht und sich mit diesen Werten identifizieren kann. Die Deutschen wissen manchmal selber nicht, warum sie so ticken wie sie ticken. Wer weiß das auch schon? Welche Nation ist sich dem auch bewusst?
Müssen sie auch nicht.
Sie haben ja sozusagen immer ein Heimspiel in Deutschland und das Deutschsein haben sie mit der Muttermilch aufgesogen. Bildet sich der Deutsche darauf etwas ein?
Ja! Und das zu Recht!

Es ist schließlich sein Land und sein Boden. Das heißt jedoch nicht, dass er machen kann, was er will. Er muss sich selbstredend an seine eigenen Gesetze halten. Auf der Suche nach dem Verständnis, warum die Deutschen so sind wie sie sind, habe ich bemerkt, dass man nicht den Fehler machen darf, von Neuzeit-Deutschen auf die Deutschen der letzten einhundert Jahre zu schließen.

Dabei wäre es sehr hilfreich, stets die Geschichtsbrille aufzusetzen. Der Neuzeit-Deutsche ist ja nicht vom Himmel gefallen. Es war ja nicht so, dass nach dem Deutschen Reich oder dem Heiligen Römischen Reich Deutscher Nationen das Land neu besiedelt wurde. Die „Alt-Deutschen" lebten weiterhin in Deutschland in ihrem bisherigen Umfeld ohne Einschnitte oder Veränderungen und gaben gewollt oder ungewollt ihre Ansichten an die nächste Generation weiter. Die Entnazifizierung klang zwar gut und wurde ebenfalls offiziell überall in Ämtern und Gerichten gemacht. Aber komplett neues Personal konnte sich die junge Bundesrepublik Deutschland nicht aus dem Ärmel herbeizaubern. Irgendwo musste Deutschland ja neu anfangen.

Jeder, der glaubt, dass alle Deutschen bei sich den „Reset-Knopf" fanden und diesen ebenso betätigten, glaubt womöglich auch daran, dass Michael Jackson der biologische Vater seiner Kinder ist. Und dass alle gegen das damalige System bzw. beim Widerstand waren, erscheint mir ebenfalls nicht realistisch zu sein.
Meinen Sie, dass nach dem Untergang des Warschauer Paktes alle Kommunisten ihre Gehirnfestplatten neu formatierten und anschließend mit neuer Demokratie-Software 2.0 bespielten?
Nein, ich jedenfalls glaube es nicht.

Es wird immer Leute geben, die weiterhin auf altes Gedankengut programmiert sind und auf Windows XP schwören und dieses Betriebssystem noch immer haben wollen.

Eine wahre Demokratie muss alle Ansichten verkraften können. Egal, wie absurd und menschenverachtend einige Ansichten sein mögen. Wir haben quasi Demokratie „light".
Aber was würden Sie denken, wenn eine Partei in Deutschland 67 Prozent bzw. mehr als eine Zwei-Drittel-Mehrheit bei Bundestagswahlen holen würde? Die eine Partei könnte die nächsten vier Jahre viele Entscheidungen im Alleingang beschließen. Sogar Grundgesetzesänderungen wären möglich. Auch wenn die eine Partei alle Stimmen legal und demokratisch gewinnen würde, hätten viele Bürger damit ein Problem. Natürlich nicht diejenigen, welche die Partei gewählt haben.

Dennoch könnte es unbehaglich werden, weil man weiß, dass die Opposition ein zahn- und haarloser Tiger geworden ist. Die Opposition heißt nicht umsonst Opposition. Dort sollten politische Meinungen entgegengesetzt zur Regierung vertreten werden. Der einzige Vorteil der aktuellen Regierung aus CDU/ CSU und SPD jedoch ist, dass sie zwar die Regierung bilden, aber auch innerhalb dieser bereits Oppositionsarbeit leisten.
Aber wieso wird diese Arbeit von der Regierungskoalition und nicht von der eigentlichen Opposition gemacht? Die jetzige Regierung aus CDU/CSU und SPD wirft vor den Wahlen der jeweils anderen Partei Ahnungslosigkeit vor, um dann nachher doch zu koalieren. Man will lediglich eine bessere Verhandlungsposition haben!

Die etablierten Politiker haben so oft in letzter Zeit von der Alternativlosigkeit gesprochen, dass sie selbst schon daran glauben müssen. Die Opposition ist abgemeldet, weil sie zu wenige Stimmen bekam. Aber kein Problem: die Regierungsparteien machen das schon selbst! Sie sind Koalitionspartner und Opposition in einem.

Keine Ahnung haben ist nicht das große Problem. So tun, als wüsste man, was man machen müsste, ist das Problem!
Dies ist immer verbunden mit Vertrauensverlust, Politikverdrossenheit und letztendlich mit Protestwählen und Protestparteien. Klartext von Politikern wäre definitiv glaubwürdiger, auch wenn man sich keine Freunde macht. Wahlen kann man damit ebenso nicht gewinnen. Die Bürger bekommen ja mit, wie sich die Parteien vor den Wahlen die Köpfe gegenseitig einschlagen, um nachher doch noch eine Zeitehe einzugehen.

Würde die jetzige Regierung eine Süßigkeit sein, so würde sie etliche ihrer Lieblingsnaschereien enthalten: Gummibärchen, Schokolade, Cremefüllungen, Saure Drops, Marzipan, Eis, Nüsse, etc. Alles wäre in einer einzigen Leckerei zusammengeworfen. Egal, wie sehr sich ihr Magen nach dem ersten Bissen umdrehen würde. Zumindest könnte keiner behaupten, es fehle etwas.

Nicht mal ein Lebensmittelallergiker könnte sich beschweren.

Radikalisierung fernab der Heimat

Sehen wir uns das schreckliche Attentat von Berlin im Jahr 2016 an, bei der ein LKW auf dem Weihnachtsmarkt in die Menschenmenge gesteuert wurde.
Der Attentäter wurde schließlich in Mailand, Italien, von der Polizei erschossen. Wahrscheinlich wollte er in einem Mailänder Viertel in der dortigen islamistischen Szene Hilfe suchen. Ich bin mir sicher, dass die islamistische Szene in Italien nicht nur aus Flüchtlingen besteht, sondern ebenso aus mehrheitlich in Italien geborenen Moslems. Man könnte folglich behaupten, dass Italien ebenso wie Belgien und Frankreich ein Problem mit der Integration hat.
Das Ergebnis ist das Gleiche.

Wie wir wissen handelte es sich beim Attentäter von Berlin um einen jungen Tunesier, der schon seit einiger Zeit in Deutschland lebte. Meine tunesischen Freunde haben dieses Attentat zutiefst verurteilt. Sie gaben mir dennoch zu bedenken, dass der Attentäter ursprünglich kein Radikaler in Tunesien gewesen war.
„Ja, er war ein Dieb und ein Gauner! Doch er radikalisierte sich erst im Ausland fernab der Heimat." Meine Gesprächspartner frugen sich, warum dies in den deutschen Nachrichten nicht des Öfteren erwähnt wird. Sie meinten zu mir, dass er garantiert erst in den Moscheen radikalisiert wurde. Seine hohe kriminelle Energie wurde von böswilligen Menschen schamlos ausgenutzt. Als ich erwähnte, dass Deutschland ihn ja längst abschieben wollte und nur die nötigen Papiere aus Tunesien nicht erhielt, entgegneten sie mir, dass selbst die Tunesier diese Menschen nicht zurückwollten. Sie hätten schlichtweg Angst.

Doch nun soll er radikalisiert wieder in der Heimat aufgenommen werden? Da fragen sich die Tunesier, was in Europa mit ihren Jugendlichen passiert ist, dass sie so ihre Lebensweise verändern und warum die europäischen Regierungen dem nicht Einhalt gebieten können!
Ich begriff, was sie mir eigentlich zu sagen versuchten: Die europäischen Regierungen würden erst diese Rahmenbedingungen für ein Abgleiten in die Radikalisierung ermöglichen!

Als sich die tunesische Revolution ereignete, hätte der alte Präsident und Machthaber Bin-Ali aus Rache die Gefängnistore geöffnet und deren kriminelle Insassen in die Freiheit entlassen. Da den Übeltätern bewusst war, dass sie wieder verhaftet werden würden, hätten sie die Gunst der Stunde genutzt. Sie flohen nach Europa, um als getarnte Flüchtlinge in Deutschland Asyl zu beantragen und Geld einzustreichen. Was braucht man aber auf der Flucht? Richtig!
Geld!

Da kam der sogenannte islamische Staat gerade recht, der Söldner für den Kampf rekrutierte. Für die geflohenen Tunesier bot sich außerdem die Möglichkeit, mit einer komplett neuen Identität ein neues Leben anzufangen. Zum Teil kehren jetzt einige von ihnen wieder zurück, ohne dass ihnen der tunesische Staat irgendetwas nachweisen kann. Manche geben an, dass sie in Syrien lediglich gearbeitet oder in der Türkei studiert hätten. Die Beschaffung der hierfür nötigen Papiere ist kein Problem, da man ja über genügend Geld verfügt.

Mein tunesischer Freund Bashir beschrieb die aktuelle Lage in Tunesien sehr deutlich:

"Tunesien selbst hat große Probleme mit Radikalen und Terror. Viele geben dem Westen eine Mitschuld an ihrer Misere. Der Westen hat in Staaten eingegriffen ohne an die Folgen zu denken. Tunesien hat dadurch selbst mit einer großen Flüchtlingskrise im Land zu kämpfen. Viele Libyer und Schwarzafrikaner, die über Tunesien nach Europa und weiter wollen, versuchen sich als Tagelöhner über Wasser zu halten. Dadurch ist die ohnehin sehr hohe Arbeitslosenquote noch weiter gestiegen. Das Geld wird zum Überleben und für die Flucht über das Mittelmeer benötigt.

Und da Europa versucht, seine Außengrenzen dicht zu machen, warten die Flüchtlinge bei uns im Land und hoffen weiterhin auf eine Gelegenheit, schnell nach Europa zu fliehen. Diese Option ist immer noch besser als ins Heimatland zurückkehren zu müssen.

Nur: Was soll Tunesien mit diesen Menschen anfangen? Deutschland torkelt trotz seiner finanziellen Möglichkeiten. Was kann da ein kleines Land wie Tunesien machen? Wollen oder können wir überhaupt geflohene Menschen in den tunesischen Arbeitsmarkt integrieren? Die tunesische Wirtschaft selbst ist enorm abhängig vom Tourismus. Außerdem haben wir eine sehr hohe Jugendarbeitslosigkeit. Übrigens gilt dies nicht nur für Tunesien. Andere Länder wie Marokko, Irak, Libyen oder Ägypten wollen die radikalisierten Jugendlichen ebenso wenig zurückhaben."

In der tunesischen Runde wurde zudem gerätselt, warum denn kein einziger Attentäter aus Saudi-Arabien in Europa Anschläge verüben würde, obwohl sie mit der wahabitischen Auslegung des Korans als Staatsform eine weitaus strengere Religionsausübung betreiben und schoben dafür sofort zwei Gründe hinterher.

Erstens gehe es den Saudis finanziell sehr gut und zweitens wollten auch sie eines Tages wieder zurück in ihre Heimat gehen und hätten enorme Angst, bei ihrer Einreise abgelehnt zu werden.

Deutschland bedient sich schlicht zu wenig der Erfahrungen seiner Alt-Ausländer. Es versucht, von oben alles zu delegieren, ohne eine Ahnung von der Realität unten zu haben. Ist dies einer erfolgreichen Integration dienlich?

Ich hab es ja bei meinen Freunden gesehen. Sie besorgen sich ihre Informationen über Facebook und Co. sowie über heimische, arabische Medien. Man sucht sich seine eigenen Nachrichten zur Meinungsbildung aus und bedient sich maßgeblich ausländischer Quellen.

Ihre und die Welt vieler Ausländer wird in den deutschen Medien überhaupt nicht wiedergegeben.

Wie Alt-Tunesier die Silvesternacht von Köln beurteilten

Bereits kurz nach der Silvesternacht 2015 auf 2016 frug ich meine tunesischen Freunde in Köln, wie es zu diesen Vorfällen kommen konnte. Sie erzählten mir einstimmig, dass es durch Mundpropaganda geschah. Und das bereits wenige Tage nach dem Vorfall, also Anfang Januar 2016!
Dazu müsste man nur Köln kennen.

Schon zu Zeiten der Ankünfte der Alt-Ausländer wurde auf die Frage, wo man denn Party machen könne, auf den Kölner Dom verwiesen, weil sich alles in der Nähe von Dom und Hauptbahnhof abspielen würde. Außerdem sei von dort aus alles zu Fuß erreichbar. Vor allem könne man ebenso schnell wieder in einen Zug steigen und die Stadt verlassen.
Dank den Stadtplanern ist das so in Köln. Manchmal überlege ich mir aber, ob in Köln wirklich je ein Stadtplaner am Werk war! Zumindest bewiesen und beweisen die Zuständigen noch heute, dass sie keinen Plan von einer funktionierenden Stadt haben.
Aber das ist ein anderes Thema.

Viele Ausländer, die nach Köln reisten, kamen in Zügen an. Und Sie ahnen es schon: Alle kamen zunächst am Hauptbahnhof Köln an. Somit ist den meisten dieses Pflaster rund um den Dom sehr vertraut.
Meine Freunde gaben ebenso zu bedenken, dass die Geldbeutel gefüllt waren, da kurz vorher Geld vom deutschen Staat überwiesen wurde. Sie machten für mich eine einfache Rechnung auf:
Drei Flüchtlinge, die zusammen unterwegs waren und sich mittlerweile kennengelernt hätten, hätten zusammen ca.

1200 Euro „Taschengeld" dabei gehabt – und zwar den monatlichen Hartz 4-Satz.
Also an Geld mangelte es an jenem Abend nicht.

Dann sollte man nicht vergessen, dass es sich dabei vorwiegend um junge Männer handelte. Diese seien zum allerersten Mal in einer westlichen Kultur mit Frauen und Alkohol in Kontakt gewesen und dazu auch noch aus einem feierlichen Anlass. Außerdem hätten diese jungen Männer seit Monaten mit keiner Frau ihre Sexualbedürfnisse ausleben können, schon allein aufgrund ihrer Flucht und den Massenunterkünften. Somit hätten die Hormone überhandgenommen.
Alles sehr logisch und alles sehr absehbar! Manche verklemmte Sexualphantasien konnten somit ausgelebt werden. Dennoch sind diese Übergriffe niemals zu rechtfertigen.

Ein weiterer tunesischer Freund klärte mich diesbezüglich ein bisschen auf. Er gab zu bedenken, dass man die Erziehung dieser Männer nicht außer Acht lassen dürfe.
In den Herkunftsländern wurde den Männern ein Frauenbild vermittelt, welches in Deutschland und Europa nicht existiert und mit dem westlichen Bild einer Frau nicht konform ist!
Die Sexualmoral, mit der sie aufwuchsen, würde man in der westlichen Welt als unterdrückend bezeichnen. So verbietet die Sittenlehre die voreheliche Sexualität. In einigen Herkunftsländern steht mancherorts die Todesstrafe auf Vergewaltigung. Aber in Deutschland müssen diese Männer kaum mit Strafen rechnen.

Eine leicht bekleidete, auf der Straße trinkende und rauchende Frau stellt für diese Männer eine Aufforderung zur

Anmache dar. Quasi das Gefühl eines Freifahrtscheines. Solche Frauen werden in ihren Herkunftsländern als Prostituierte abgestempelt. Für diese Frauen besteht kein großer Schutz. Vor allem dürfen solche Frauen auf keinen staatlichen Schutz hoffen.

Diese Art von Übergriffen ist in Nordafrika keine Seltenheit, so auch zum Beispiel in Ägypten.
Im Irak bleibt ein Vergewaltiger straffrei, wenn er sein Opfer innerhalb von zwei Jahren zur Frau nimmt. Erst falls der Täter sein Opfer *nicht* ehelichen sollte, würde ihm dort lebenslange Haft oder gar die Todesstrafe drohen.
In Afghanistan wird zwar erst seit 2009 die Todesstrafe angewendet, falls eine Frau vergewaltigt und getötet wird, aber dieses Gesetz wird nicht konsequent im ganzen Land angewendet. Im schlimmsten Fall würden Frauen im Falle einer Vergewaltigung bestraft, weil sie vorehelichen Sex hatten.

Dass so ein Verhalten in Deutschland nicht geduldet wird, war vielen Tätern entweder nicht bewusst oder schlicht egal. Ich tendiere zu „egal", denn auch in ihren Herkunftsländern gilt dieses Verhalten als anstandslos.
Keine Mutter dieser Welt erzieht ihren Sohn zu solch einem Verhalten gegenüber anderen Frauen. Mein Kumpel meinte nur, dass er sich dafür fremdschäme und dass diese Vorfälle mit all der gesetzlichen Härte strafrechtlich verfolgt werden müssten. Falls dies nicht geschehe, entsteht ganz schnell der Eindruck, dass die Frauen in Deutschland so behandelt werden dürfen. Ich kenne diese Gedankengänge aus ähnlichen Situationen.

Ungebildete oder sehr konservativ denkende Männer aus der islamischen Welt meinen, dass Frauen, die offene Haare, westliche Kleidung, Alkohol und einen modernen Lebensstil ausleben, „leichte Frauen" wären. Dadurch würden sie ihre Bereitschaft auf ein Abenteuer bekunden.
Zumindest ist das deren Auffassung.

Viele dieser Männer sind dem Trugschluss erlegen, dass in der westlichen Welt Brüste an Bäumen wachsen und jeder nach Belieben sich etwas davon pflücken könne. Diese Art zu denken ist jeder Frau gegenüber respekt- und anstandslos. Das mussten deutsche Männer ebenso erstmal lernen. Manche müssen es heute noch lernen. Die Frau ist keine Ware, die man(n) sich zulegt, wenn einem danach ist.
Das Motto: „alles F… außer Mutti" ist frauenverachtend und nicht hinnehmbar. Außerdem ist es genauso beleidigend für die eigene Mutter, Tanten und Schwestern.
Vor allem dürften sich diese Männer mal selbst die Frage stellen, ob es denn richtig ist, wenn sich der Mann mit sogenannten „Schlampen" vergnügen darf, um nachher sowieso eine Jungfrau ehelichen zu wollen.

Denn Gott sieht auch das.

Ein Gutachter für die Silvesternacht in Köln kam zu dem Schluss, dass eine „Art Mundpropaganda" in Flüchtlingsheimen und Wohnunterkünften unter Nutzung sozialer Medien wie Facebook oder WhatsApp zu diesen Übergriffen geführt hätten.

So, so.

Es hätte im Vorfeld dieser Ereignisse schon klar sein müssen, dass vieles aus dem Ruder laufen würde. Zumindest gelangten die Fachleute übereinstimmend ebenso zu dieser Erkenntnis. Man hätte genauso Alt-Ausländer aus nordafrikanischen Gebieten fragen können.
Ehrlich gesagt hätte uns Alt-Ausländer jede andere Erkenntnis ziemlich verwundert. Dennoch brauchte man für diese Schlussfolgerung circa zehn Monate!

Das hat meiner Meinung nach zu lange gedauert.
Die Urteile waren lächerlich. Die Täter verließen den Gerichtssaal mit einem Lächeln. Sie lachten nicht nur über ihre milden Strafen, sondern sie lachten die westliche Demokratie, den Staat, die Richter und Gerichte aus.

Wie hätten die Strafen in ihren Herkunftsländern ausgesehen?

Definitiv wären sie dort nicht lachend aus dem Gerichtssaal stolziert.

Wandlung der Politiktektonik

Frau Bundeskanzlerin Merkel sagte am Tag der Deutschen Einheit im Jahr 2016, dass nach 26 Jahren „neue Probleme" da wären, die bewältigt werden müssten. Ich dagegen sehe nicht nur neue Probleme, die auf uns warten. Für mich impliziert das Wort „neu", dass die alten Probleme zuvor gelöst worden wären.

Jetzt frage ich Sie: Können Sie mir spontan von alten Problemen berichten, die zu Ihrer Zufriedenheit gelöst wurden? Und mit *gelöst* meine ich nicht solche Probleme, die nur zeitlich auf die Zukunft verschoben worden sind. Nun bitte ich Sie über erfolgreiche Konzepte aus der Integrationspolitik der letzten Jahre und Jahrzehnte nachzudenken. Natürlich wird Ihnen etwas einfallen, wenn Sie sich über dieses Thema ausreichend Gedanken machen. Dennoch werden Sie zu Recht Zweifel hegen, ob die angebotenen Lösungen zielführend waren und es auch heute noch sind.

Ich selbst bin als Alt-Ausländer diesbezüglich sehr skeptisch. Nun ja, das haben Sie bestimmt schon mittlerweile des Öfteren bemerkt. Skeptisch vor allem, weil die angebotenen Lösungen realitätsfremd sind. Mir fehlen nämlich Visionen in unserer Politiklandschaft.

Integrationskurse zielen insbesondere auf die Erlernung der deutschen Sprache ab. Doch sind die angebotenen Kurse eher ein Tropfen auf den heißen Stein und greifen viel zu kurz. Ich frage mich hierbei, was mit der kulturellen und sozialen Integration passiert. Da wird mir der Hebel gar nicht oder zu kurz angesetzt. Die deutsche Politik sollte sich viel mehr darum kümmern.

Nachdem irgendwann die erste Hürde der Spracherlernung halbwegs genommen worden ist, müssen zwingend weitere Schritte folgen, welche die soziale und kulturelle Integration vorantreiben. Bei diesem Schritt fehlt mir ein koordinierter Plan oder ein durchdachtes Konzept, was zielführend wäre. Man verlässt sich zu sehr auf freiwillige und ehrenamtliche Helfer. Diese funktionieren zum Teil wie die Freiwillige Feuerwehr. Wenn es brennt, rücken sie raus, um Feuer zu bekämpfen.

Ebenso müssen sie handeln, falls Überschwemmungen drohen und Menschen Hilfe vor den Wassermassen benötigen. Ansonsten halten sie sich mit Übungen fit und trainieren für den nächsten Einsatz. Es wäre jetzt gegenüber den Einsatzkräften der Feuerwehr nicht gerecht, wenn man ihre sonstige Arbeit für unsere Gesellschaft nicht ausreichend würdigen würde. Das will ich gerne hiermit tun. Aber das kann doch kein Plan oder Konzept sein!

Manche Teile der Bevölkerung haben das Gefühl, dass die Bundesregierung die Helfer unter Zugszwang stellt. Ganz nach dem Prinzip: Wir beschließen etwas und setzen dann auf Menschlichkeit und Nächstenliebe unserer Bevölkerung! Was würde die deutsche Regierung machen, wenn sie diese freiwilligen und ehrenamtlichen Helfer nicht hätte?

Doch aus purer Nächstenliebe gelingt keine Integration.

Sie fragen sich vielleicht, was die Feuerwehr mit Integration zu tun hat. Eigentlich nichts! Eigentlich!

Ich wollte nur verdeutlichen, dass sich Brände und Fluten nicht allesamt vermeiden lassen. Aber dennoch gibt es für die verschiedensten Situationen Pläne, mit Hilfe derer Menschen gerettet werden können. Dabei handelt es sich nicht um irgendwelche Pläne, sondern um ausgearbeitete, überprüfte und getestete Pläne, die immer weiter verbessert werden, wenn es notwendig ist oder wenn neue Erkenntnisse erlangt werden.

So, und nun kommen wir zur Integrationspolitik in Deutschland. Da dieses Problem zunächst nur Ausländer betraf, hatten die deutsche Politik und Gesellschaft keine oder nur unzureichende Pläne, weil Integration sie einfach nicht betraf. Das würde es heute auch noch nicht tun! Doch durch die Flüchtlingskrise und die große Anzahl an Immigranten kamen bestehende Probleme zum Vorschein. Das Scheinwerferlicht wurde auf die Immigranten gerichtet, die zunächst nichts dafür können. Diese müssen mit den Umständen in Deutschland zurechtkommen. Ob dies mit den existierenden Rahmenbedingungen gelingen kann, steht auf einem anderen Blatt Papier.

Ich hege große Zweifel an den Plänen zur Integration, die von der deutschen Politik erarbeitet wurden, wenn darin eine Bereitschaft zur Integration seitens ihrer Bevölkerung suggeriert wird. Will die deutsche Gesellschaft wirklich, dass die Integration von Flüchtlingen überhaupt gelingt?

Denn wenn ja, würde es wiederum die Wahrscheinlichkeit senken, dass Flüchtlinge in ihre Heimatländer zurückkehren. Und genau hier fängt das Problem an.

Die Politik macht sich keine Gedanken darüber, ob ihre Annahme der Willkommenskultur überhaupt vorhanden ist oder jemals war. Deshalb empfinden viele Protestwähler, dass ihnen kaum Gehör geschenkt wird.

Vor den Wahlen wird zwar behauptet, dass man ihre Sorgen und Ängste ernst nehmen würde. Aber letzten Endes interessieren oder vergessen die meisten gewählten Politiker und Parteien ihre Versprechen wieder schnell nach den Wahlen. Ganz so, als ob ein Mann einer Dame den Hof machen würde und vieles einfach erzählt, damit er sie um den Finger wickeln kann.

Und meine Damen? Kommt Ihnen das bekannt vor? Wenn nicht, dann sind Sie ein sehr gesegneter Mensch, der noch nie belogen wurde und noch nie um den Finger gewickelt wurde. Soweit meine Glückwünsche.

Ein Großteil der Menschen in Deutschland kennt leider die andere Seite sogar sehr gut, wenn Versprechen gebrochen werden. Sie haben von den schaumigen Worten der Politiker die Schnauze voll. Der Schaum quillt den Bürgern metaphorisch gesprochen aus ihren Mündern.

Protestwähler wollen nicht mehr mit nebulösen Aussagen hingehalten und vertröstet werden. Natürlich bedient sich die AFD dieses Instrumentes. Dem Protestwähler dürstet es nach neuen Unwahrheiten. Lieber neue Lügen hören, als immer wieder den alten Lügen zu lauschen. Manche freuen sich sogar! Sie hätten es für nicht möglich gehalten, dass neue frische Lügen oder Halbwahrheiten überhaupt noch existieren.

Zumindest sind sie schon für diese Entwicklung dankbar. Sie denken, dass sie durch ihr Wahlverhalten den Zug, der aus ihren Augen in die falsche Richtung fährt, zumindest abbremsen können.

Sie sehen keine Lösung darin, dass ihre Probleme wie störendes Geröll immer weiter vor sich hergeschoben werden. Naja. Wenn Sie Humor haben, dann hoffen Sie, dass Ihre Probleme und Sorgen wie von einer Endmoräne zermalmt werden. Aber bis zur nächsten Eiszeit wird es wohl noch ein Weilchen dauern.

Wie schon erwähnt, braucht es dafür viel Zeit und richtige Entscheidungen. So wie sich Deutschland seit 2015 verhält, hat es sich noch mehr Schwierigkeiten angelacht als es bewältigen kann. Die innenpolitische Quittung erhält der deutsche Staat früher oder später von seiner eigenen Bevölkerung.

Ich bleibe dabei, dass die deutsche Regierung mit ihrem Verhalten seinen Bürgern ihre Schweigekraft beraubt hat. Es kommt nicht von ungefähr, dass die Wahlbeteiligung gestiegen ist. Die Regierung versucht, diese Fakten für sich in ihrem Sinne zu deuten. Generell gesprochen sei es gut für die Demokratie, wenn viele Bürger zur Wahlurne gehen.
Man könnte es jedoch auch anders deuten:
Die Bürger nehmen nicht mehr stillschweigend jede Entscheidung einfach so hin! Die politische Lage zwingt die Menschen, sich zu positionieren und ihren Ansichten und Sorgen kund zu tun.
Ich habe es selbst jüngst mit Erstaunen festgestellt. Junge Ausländer unter 20 Jahren haben mir erzählt, dass sie 2017 zur Wahl gehen würden, wenn sie denn abstimmen dürften. Diejenigen, die wählen dürfen, gehen nächstes Jahr zum ersten Mal in ihrem Leben wählen.

Sie wissen zwar noch nicht, welche Partei sie wählen werden, aber ein *„Weiter so"* ist nicht vorstellbar.

Die Integrationspläne der Bundesregierung sind weltfremd

Ich weiß auch nicht, warum die deutsche Regierung sich nicht einfach hinstellt und klipp und klar sagt, dass es zunächst gar keine Integrationspolitik gab, und als dieser Begriff für die Ausländerpolitik geprägt wurde, sehr viel davon schief lief. Das Schlimmste daran ist, dass es in der Gegenwart weiterhin schief läuft.

Spielen wir mal ein Szenario durch.
Stellen Sie sich vor, dass Sie nun Regierungsmitglied sind.
Was würde passieren, wenn Sie aufgrund der Flüchtlingskrise dieses Thema ansprechen würden? Wenn Sie vorschlagen, dass sich die aktuelle Regierung für die verfehlte Integration von Ausländern bei der Bevölkerung entschuldigen möchte und Besserung lobe?
Was wäre, wenn Sie zugeben würden, dass man blauäugig gewesen sei und nicht daran gedacht hatte, dass man keine zwei Farben miteinander vermischen (integrieren) kann, ohne eine dritte zu erschaffen?

Bestimmt würden sich nicht viele Regierungsmitglieder Ihrem Vorschlag anschließen oder Sie sogar auslachen. Diesen Schuh möchte sich keine Regierung anziehen. Vielleicht wird man Ihnen vorwerfen, dass diese Thematik überhaupt nicht in Ihren Aufgabenbereich falle. Sie würden bestimmt gefragt werden, wie denn Ihrer Meinung nach die Integrationspolitik aussehen sollte. Eine berechtigte Frage. Dennoch kann man eines nach all diesen Jahren zumindest feststellen: Wir wissen vielleicht nicht alle Antworten darauf, wie es funktioniert. Aber wir wissen mit Sicherheit wie es *nicht* funktioniert.

Mein Vorschlag wäre, einen Integrationsminister auf Bundesebene zu ernennen, der sich mit der Materie auskennt und dem Ministerium die nötigen Mittel zur Verfügung stellen darf.

Momentan gibt es nur das Bundesamt für Migration und Flüchtlinge, kurz BAMF. Zum gegenwärtigen Zeitpunkt ist dafür das Innenministerium zuständig. Meiner Meinung nach werden jedoch zu viele Aufgaben unter dem Innenministerium subsumiert. Sport gehört ebenfalls dazu.
Ein Bundesministerium für Integration hätte zumindest den Effekt, dass Ausländer endlich ein Ministerium hätten, an das sie sich mit ihren speziellen Angelegenheiten hinwenden könnten und das als offizieller Ansprechpartner gilt. So würde gleichzeitig das Innenministerium entlastet werden.
Österreich macht gerade vor, wie es besser laufen könnte.

Ich weiß zwar, dass die Bundesregierung eine Integrationsbeauftragte hat und jedes Bundesland über einen Integrationsbeauftragten verfügt. Aber kennen Sie den Integrationsbeauftragten ihres Bundeslandes? Was sind seine oder ihre Aufgaben? Und was noch wichtiger ist: wissen Alt-Ausländer, Neu-Ausländer und Immigranten überhaupt von seiner Existenz? Die Arbeit von Integrationsbeauftragten des Bundes und der Bundesländer tangiert nicht annährend das Leben der Ausländer.

Es kann doch nicht sein, dass Deutschland heute noch eine Ostbeauftragte im Amt hat, aber so wenig für ihre Ausländer macht. Ist alles etwa vergebene Mühe?
Das kann schon sein. Zurzeit übernehmen die Moscheen die Rolle eines Ansprechpartners und decken damit zugleich sehr viele Bereiche der Integrationspolitik ab.

Zumeist in einer Sprache, die sich dem deutschen Staat entzieht. Folglich kann es nicht im Interesse des deutschen Staates sein, diese nicht autorisierten Stellen und Organisationen weiter vor sich hin arbeiten zu lassen, zumal die Finanzierung überwiegend aus dem Ausland geschieht! Jeder, der glaubt, dass dabei Objektivität gewahrt werde, glaubt auch an das Ende der englischen Monarchie oder an wahre Vollbeschäftigung.

Warum sollten Staaten wie die Türkei oder Saudi-Arabien Gelder in Deutschland für Moscheen zur Verfügung stellen, wenn sie wüssten, dass es nicht zu ihrem eigenen Vorteil geschieht?

Die deutsche Politik macht seiner Bevölkerung nicht klar, wie Moscheen strukturiert sind und wie sie funktionieren. Was genau ist die Aufgabe einer Moschee? Wie ist sie strukturiert? Wie sind die Hierarchien in Moscheen angelegt? Wie finanzieren sich Moscheen? Wer darf dort predigen? Wie wird man Imam? Was wird außer Religion sonst gelehrt? Wem gehören die Moscheen? Sind Moscheen juristische Personen? Kann jeder einen Verein gründen und seine Sicht auf die Religion lehren? Wer darf alles in „Hinterhof-Moscheen" predigen? Wer oder was überwacht die Koranschulen und Medresen?

Woher weiß der deutsche Staat, welche Weltansicht die Imame predigen? Wie weit ist es mit dem Demokratieverständnis der Imame und Prediger? Ist es überhaupt möglich, Predigten in demokratische Bahnen und im Einklang zum Staat zu lenken?

Die Politik sollte es als eine Form von Präventivmaßnahmen ansehen, indem Antworten auf solche Fragen gegeben werden, um seiner Bevölkerung etwaige Ängste und Sorgen gegenüber dem Islam zu nehmen!

Sorgen und Ängste existieren allein schon, weil man die Sprache nicht versteht. Falls man verstehen würde, was Imame predigen, könnte ein Verständnis für den Islam entstehen und eine offene Diskussion stattfinden. Doch so, wie es heute ist, führt Verständnislosigkeit zu Furcht und Angst in der Bevölkerung. Wäre es so schlimm, wenn ebenfalls deutsche Bürger verstünden, was gepredigt wird? In einer perfekten Welt wäre die perfekte Antwort darauf: Nein! Es wäre überhaupt nicht schlimm!
Leider leben wir in keiner perfekten Welt. Das haben wir auch nie getan. In der deutschen Bevölkerung könnte vielleicht neue Furcht aufkeimen. Der Islam könnte neuen Zulauf finden und Einheimische assimilieren oder diese könnten konvertieren. Diesen Gedankengang würden zwar die Wenigsten zugeben, dennoch spukt es in ihren Köpfen.

Ich behaupte nicht, dass mein Vorschlag, auf Deutsch zu predigen, „die" Lösung ist und ich das Ei des Kolumbus erneut entdeckt hätte. Aber vielleicht hilft es, damit eine Erosion an Angst und Furcht zumindest in Gang kommt.
Ehrlich gesagt weiß ich nicht, ob die Bundesregierung und die deutsche Politik überhaupt Antworten parat haben. Zurzeit erscheint es nicht so.

Seien wir mal ehrlich: Nicht einmal Menschen aus dem Iran, Indonesien oder der Türkei verstehen, was auf Arabisch gepredigt wird. Auch für sie ist Arabisch eine Fremdsprache! Genauso, wie damals katholische Messen auf Latein.
Lediglich die türkische Bevölkerung kann sich glücklich schätzen, dass in vielen Moscheen auf Türkisch gepredigt wird. Ansonsten stünde sie ebenso außen vor. Predigten auf Deutsch hätten zudem den Vorteil, dass die Sprache des Landes besser und schneller erlernt werden würde.

Es ist eine einfache Rechnung: Die muslimische Bevölkerung in Deutschland ist diesen Staaten dankbar, dass wenigstens diese Länder an der Ausübung ihrer Religion interessiert sind. Die Trennung von Staat und Religion ist in Deutschland in der Verfassung verankert. Dennoch heißt das nicht, dass der Verfassungsschutz für deren Einhaltung auch in Moscheen Sorge tragen muss.

In der Verfassung ist Religionsfreiheit garantiert. Aber kann die Verfassung ebenso garantieren, dass in Moscheen keine Politik betrieben wird? Da hängt Deutschland weit hinterher! In diesem „Katz und Maus-Spiel" bleibt Deutschland nichts anderes übrig, als immer mit Verspätung zu reagieren. Imame und Religionsgelehrte sollten an deutschen Hochschulen mit der Anweisung ausgebildet werden, auf Deutsch zu predigen und zu lehren. Das kostet natürlich Zeit und Geld. Dennoch wäre es ein erster Schritt in die richtige Richtung.

Eine wesentliche Motivation für die Integration würde noch hinzukommen: der Glaube. Es würde schon sehr hilfreich sein, wenn die nichtintegrierten, muslimischen Ausländer merken, dass in der deutschen Sprache ebenfalls Wörter existieren, welche die Schönheit ihrer Religion beschreiben könnten. Haben Sie schon einmal überlegt, warum der Muezzin zum Gebet ruft, indem er singt?
Ich selbst kann kein Arabisch sprechen. Aber es wird erzählt, dass die Worte des Herrn im Koran so überwältigend schön seien, dass man ihm nur annähernd genügen könnte, indem seine Worte gesungen werden.

Wie ich finde, ist das ein sehr schöner Gedanke!

Deutschland bedient sich zu wenig an den Erfahrungen seiner Alt-Ausländer

Ich gebe Ihnen eine kleine Anekdote aus dem Leben meiner tunesischen Freunde. Sie wollten an einem Wochenende in Köln ausgehen und trafen sich bei einem Freund zu Hause, um vorzuglühen. Gegen 23 Uhr fassten sie den Entschluss, mit der Straßenbahn in die Stadt zu fahren und das Auto stehen zu lassen. Sie hatten ja schon Alkohol konsumiert. Um diese Uhrzeit war die Bahn recht leer. Kurz bevor sie die Innenstadt erreichten, stieg ein älterer Mann in die Bahn, ging mehr oder weniger schnurstracks zu ihnen und nahm unaufgefordert auf ihrem Vierer-Sitz Platz.
Bekleidet mit einem Kaftan, weißer Netzmütze und langem weißen Bart fing er direkt an zu ihnen zu sprechen. Er hatte ja schon vernommen, dass es sich um arabischsprachige Männer handelte. Zuerst redete er über normale Sachen. Er wollte wissen, woher sie denn kamen, wie lange sie schon in Deutschland lebten, ob sie denn Frau und Kinder hätten und einer Berufstätigkeit nachgingen.

Meine Freunde antworteten allein schon aus Respekt dem älteren Herrn gegenüber. Natürlich verlief die Kommunikation auf Arabisch. Plötzlich fing der ältere Mann an, ihnen einige Zitate aus dem Koran zu zitieren. Er verwies auf die Koranstellen, die Alkohol und Frauen betrafen.
Sie meinten, dass er ganz ruhig, aber dennoch sehr bestimmend auf sie einredete. Er klärte sie über die Strafen auf, welche im Jenseits auf sie warten würden und verwies darauf, dass Gott ihre „Unzucht" nicht tolerieren würde.

Meine Freunde sagten, sie hätten das Gefühl gehabt, der Predigt eines Imams zu lauschen. Dieser ältere Herr hatte ihnen all ihre vermeintlichen Fehler vor Augen geführt und sie aufgefordert, ihre Lebensweise umgehend zu ändern!

Sie gaben mir gegenüber ehrlich zu, dass sie bis zu diesem Zeitpunkt jenem Mann gedanklich irgendwie trotz ihres Alkoholgenusses folgen konnten.

Doch als der ältere Mann sie fragte, was sie bis jetzt für ihren Gott und ihrer Religion getan hätten, bemerkten sie plötzlich, dass er auf etwas Bestimmtes hinaus wollte. An ihrer Zielhaltestelle angekommen stiegen sie ebenso wie der Mann aus. Er gab ihnen seine Visitenkarte und lud sie ein, zu Veranstaltungen ihrer Glaubensbrüder zu kommen. Schließlich könne man dort viel besser über Gott reden.

Verwirrt durch diesen älteren Mann beschlossen meine Freunde, umzukehren und direkt die nächste Straßenbahn in Richtung „nach Hause" zu nehmen. Sie merkten, dass dieser ältere Mann genau wusste, welche Knöpfe er zu drücken hatte, um ihnen ein schlechtes Gewissen zu machen und sie von ihrem Wochenendplan abzubringen!

So gingen sie nach Hause und rätselten zusammensitzend noch lange bis spät in die Nacht darüber, wie ein einziger Mann so tief in ihre Gedanken eindringen konnte.

Ich muss Sie noch wissen lassen, dass meine Freunde definitiv zu den modernen Moslems zählen!

Sie gehören zu den Alt-Ausländern, welche die deutsche Sprache beherrschen, bereits über die Hälfte ihres Lebens in Deutschland verbracht haben, mit vielen Deutschen befreundet und sogar mit deutschen Frauen verheiratet sind. Deren Kinder sind allesamt in Deutschland geboren.

Einer meiner Freunde fragte mich dann entsetzt:
„Kannst Du Dir vorstellen, wie viele junge Männer dieser alte Mann im Jahr rekrutiert? Auch wenn dieser Mann nur eine Person im Monat davon überzeugt, an solchen Veranstaltungen teilzunehmen?"
Meine Freunde konnten es selber nicht glauben, wie einfach sie in ein solches Gespräch verwickelt werden konnten. Sie, die doch schließlich gestandene Männer und bestens integriert sind!

Doch solche Rattenfänger können hier in Deutschland und in Europa sehr gut agieren und anscheinend völlig unauffällig leben!

"Was passiert wohl mit all den Neu-Ausländern und Flüchtlingen, die ohne stabiles Umfeld, ohne Familie, mit wenig Selbstwertgefühl oder vielleicht psychisch labil sind, an einem Trauma durch Krieg und Bomben leiden und noch nicht in der deutschen Gesellschaft integriert sind?" frugen sie zuerst sich und dann später auch mich.
Die passende Antwort wurde direkt hinterher geschoben: „Sie werden angeworben und für gewisse Ziele rekrutiert!"

Des Weiteren gaben meine Freunde zu bedenken, dass solch eine Vorgehensweise ebenfalls in den nordafrikanischen Herkunftsländern praktiziert wird. Zum Teil wären ganze Familien nach der tunesischen Revolution nach Syrien gelockt worden, um der Armut zu entfliehen. Ihnen wurden Häuser und monatliches Einkommen versprochen, falls sie nach Syrien umsiedelten und sich in „missionarischer" Weise betätigten. Zumindest würden sie vermeintlich ihren Glaubensbrüdern dadurch helfen können.

„Es passiert täglich vor ihren Augen und die Deutschen wundern sich, wie hier jemand radikalisiert werden kann?!" Letzten Endes unternehme Deutschland viel zu wenig, um diese Einfangmethoden zu unterbinden. „Warum greifen die Verantwortlichen nicht auf unsere Erfahrungen zurück?" frug mich ein anderer.

Meine Freunde wunderten sich nur, ob Deutschland darüber Bescheid wisse oder ob man wirklich so naiv sei und es einfach geschehen lasse. Denn wenn es Menschen gibt, die über Integrationsprobleme berichten können, dann doch die Alt-Ausländer, die schon seit längerer Zeit hier in Deutschland leben. Diese Frage stellen sich viele Alt-Ausländer.
Egal, welcher Herkunft, Nationalität oder Religion.

Deutschland muss aufpassen, dass die kritische Haltung der Bevölkerung gegenüber Flüchtlingen nicht auf den Islam übertragen wird. Manche Ausländer behaupten sogar, dass dies gewollt ist.

Mittlerweile ist es aber dafür wahrscheinlich zu spät. Der Islam hat in den letzten Jahren an Ansehen einbüßen müssen und ist ein Pseudonym für Terror geworden. Diese große Weltreligion konnte keine Werbung in eigener Sache machen. Islamistische Terroristen morden unter dem Deckmantel ihres Glaubens.

Diese negative Sicht auf den Islam bemerken insbesondere muslimische Alt-Ausländer. Sie stecken in der Klemme. Auf der einen Seite lieben sie ihre Religion, auf der anderen Seite distanzieren sie sich von Terror. Da bin ich mir absolut sicher! Aber: Wie schaffen sie es, nicht unter Generalverdacht zu stehen? Wie können sie positiv auf sich aufmerksam machen?
Es ist verdammt schwer!

Manche muslimische Alt-Ausländer denken, dass sie sich für nichts zu entschuldigen brauchen, während andere sich schämen. Scham und Wut, weil angeblich im Namen ihres Gottes Menschen ermordet werden. Da die muslimischen Alt-Ausländer keinen Königsweg kennen, unternehmen sie fast nichts, damit ein besseres Bild ihrer Religion abgegeben wird. Sie ziehen sich zurück und versuchen, so unauffällig wie möglich zu leben und ihrer Religion nachzugehen.

Der radikale Islamismus hat sich wie ein Virus verbreitet. Ein Virus kann nur dort wachsen und überleben, wo gute Bedingungen herrschen. Vor allem hat es alle Zeit der Welt, sich an die äußeren Bedingungen zu gewöhnen und anzupassen. In der Biologie müsste man ebenso die Gefahr einer Mutation in Betracht ziehen.

Deutschland ist mit seinen Bedingungen leider ein sehr guter Nährboden.

Knieschuss Deutschland

Alle bisher erreichten Fortschritte werden durch die aktuelle politische Lage gefährdet. Die erreichte Integration wird leichtfällig aufs Spiel gesetzt, weil sich Deutschland überschätzt. Überall in Europa sind die politisch Rechten und Populisten erstarkt.
Nicht die Rechten haben die Flüchtlingskrise angezettelt. Ermöglicht wurde allerdings diese Krise durch das Versagen von Politik und Machthabern. Rechte und Populisten sind schlichtweg nur Nutznießer dieser Situation.

Rassismus gibt es weltweit und es ist keine deutsche Erfindung! Die Entwicklung der Radikalisierung ist weltweit sehr bedenklich und gefährlich.
Was macht Deutschland so sicher, dass dies im eigenen Land nicht passiert? Da Deutschland aufgrund seiner Historie stets auf die Außendarstellung bedacht ist, sollte es wissen, dass sich die ganze Welt vor einem rechtslastigen Deutschland fürchtet.

Da werden zu viele schlimme Erinnerungen geweckt.

Sie kennen es bestimmt aus Ihren Auslandsaufenthalten oder Urlauben. Im Ausland herrscht ein anderes, weitaus positiveres Bild von Deutschland vor als das, was die deutsche Bevölkerung selbst von ihrem Land hat. Die deutschen Bürger konzentrieren sich zurzeit mehr auf die innenpolitische Lage des Landes als auf dessen Außendarstellung. Das sollte sich die deutsche Regierung und ihre mitwirkenden Parteien zu Herzen nehmen.

Sie wurden allesamt gewählt, damit sie den Menschen im eigenen Land dienen und nicht nur, um ein gutes Zeugnis für ihre Außendarstellung des Staates zu erhalten!

Manche Politiker benehmen sich so, als ob die Bevölkerung ihnen dienen müsste. Somit kommt es nicht aus dem Nichts, wenn sich die Menschen von den etablierten Parteien abwenden. Die Wutbürger sprechen eben etwas aus, dass andere Bürger nicht wagen, auszusprechen.

Sehen Sie sich die Reichsbürger-Bewegung einmal an.
Ich höre immer davon, dass sie die Bundesrepublik Deutschland nicht anerkennen würden, weil sie der Meinung sind, dass Deutschland besetzt sei. Es ist egal, was Sie persönlich davon halten. Dennoch muss man ebenso diesen Menschen zuhören und herausfinden, wo denn der Schuh drückt. Ist denn von der Hand zu weisen, dass die BRD erst im Jahre 1990 den „Zwei Plus Vier"- Vertrag in Moskau unterschrieb und somit den Weg für die Wiedervereinigung frei machte?
Der vollständige amtliche Titel lautete:
„Vertrag über die abschließende Regelung in Bezug auf Deutschland". Die Vertragspartner waren: BRD, DDR, Frankreich, Sowjetunion, Großbritannien und USA. Diese Regelung beendete die Nachkriegszeit und war notwendig, da ein sonst üblicher Friedensvertrag nach Ende des Zweiten Weltkrieges nicht abgeschlossen worden war.
Erst nach Unterzeichnung der „Zwei Plus Vier"- Verträge gaben die vier Siegermächte ihre Zustimmung zur vollständigen Souveränität Deutschlands!

Das kann man alles nachlesen.

Ein berühmter deutscher Sänger hatte auf diese Tatsache hingewiesen. Und was passierte dann? Richtig, er wurde als Reichsbürger tituliert und in den Medien zerrissen ohne auf den Inhalt seiner Aussage einzugehen. Man sah immer wieder ein Video, welches zeigte, wie er auf einer Kundgebung der Reichsbürger sprach.

Es wurde in den großen Medien die Frage gestellt, ob ein so berühmter Sänger sich so etwas erlauben dürfe. Aber darf dieser Sänger als Privatperson keine eigene Meinung haben, auch wenn sie nicht dem Mainstream entspricht? Hat er denn inhaltlich etwas Falsches behauptet? Durfte man ihn auf Grund dessen von einem Wettbewerb ausschließen? Er hatte seinen Finger in eine Wunde gelegt, die Deutschland nicht sehen möchte.

Ausschluss eines „Störenfrieds" und das Thema ist erledigt. Inhaltlich wurde sich mit seiner Aussage gar nicht auseinandergesetzt. Natürlich polarisierte er. Aber vielleicht wollte er die Deutschen aufwecken, damit sie ihr Land kritisch hinterfragen. Man könnte es gleichsam anders beleuchten und sagen, dass ihm Deutschland am Herzen liegt, sonst wäre es ihm schlichtweg egal gewesen, was hier passiert. Genug Geld besitzt er ja, um ein erfülltes Leben zu haben. Er setzte seine Berühmtheit ein, um aus seiner Sicht auf eine Problematik in Deutschland hinzuweisen.

Darf man Menschen also verteufeln und kritisieren, weil sie eine andere Sicht auf ihr Land haben als andere? Man sollte den Menschen und ihren Argumenten erst einmal zuhören und sich dann eine Meinung bilden. Vielleicht kann man somit im Vorfeld schon viele Probleme aus dem Weg schaffen, bevor die Lage eskaliert. Es beschleicht mich das Gefühl, dass Deutschland nicht offen mit den bestehenden Umständen umgehen möchte.

Mancher Reichsbürger gab zu bedenken, dass in Deutschland Deutsch als Amtssprache verfassungsrechtlich nicht gesichert sei, obwohl das Grundgesetz selbst auf Deutsch verfasst wurde. Die Juristen hierzulande sprechen von einer Bundeszuständigkeit kraft Natur der Sache.
Andere Juristen sprechen von einer Bundeszuständigkeit kraft Sachzusammenhanges oder von einer Annexkompetenz. Letzten Endes wird in der Verfassung nicht erwähnt, dass in Deutschland die Amtssprache Deutsch ist.
Punkt.

Generell muss sich die Politik besser erklären und darf nicht andere und nicht passende Ansichten beiseiteschieben. In einer wahren Demokratie sollten alle Ansichten zunächst bewertungsfrei nebeneinander stehen dürfen, bevor es Kritik hagelt. Eine Mindermeinung muss nicht zwangsweise falsch sein!

Falls Alt-Ausländer in Deutschland alle einer Meinung wären, würden sie aufgrund ihrer Anzahl faktisch eine Mindermeinung darstellen. Heißt das aber, dass sie nicht wüssten, wovon sie sprechen? Sie sind doch auch potentielle Wähler. Doch die Alt-Ausländer haben verständlicherweise ebenso verschiedene Ansichten auf einzelne politische Themen in Deutschland wie der Rest der Bevölkerung. Vielleicht eint sie einzig und allein die Ansicht, dass sich nicht ausreichend um sie gekümmert wird. Schon aus eigener Erfahrung wissen sie, wo es Probleme gab und es heute noch gibt. Von der heutigen Integrationspolitik wissen sie auch, dass es in Zukunft weiterhin Schwierigkeiten geben wird.

Viele haben diesbezüglich schon längst resigniert und könnten sich aufgefordert fühlen zu handeln, wenn Deutschland die Balance zwischen Alt-Ausländern, Ausländern und Deutschen zu sehr aus den Händen gleitet. In anderen Ländern wären viel mehr Anti-Regierungs-Demonstrationen auf den Straßen zu beobachten. Deutschland ist diesbezüglich ein ganz braver Junge.

Schon jetzt gibt es nach meinen Beobachtungen große Risse bei Alt-Ausländern bezüglich der politischen Ansichten. Manche Ansichten klingen fast sarkastisch. Ist es denn verwunderlich, dass sich der Alt-Ausländer als Opfer der Willkommenskultur sieht?
Die Bezeichnung "Willkommenskultur" ist für ihn ein riesiger Marketing-Witz. Plötzlich ist man in Deutschland als Ausländer mit einem anderen kulturellen und religiösen Hintergrund willkommen? Das glauben die wenigsten Alt-Ausländer! Wenn sich Deutschland ihnen gegenüber weiterhin so verhält, verliert es den Zuspruch und die Unterstützung bei der Bewältigung von Integrations-problemen. Deutschland kann sich diesbezüglich keinen Kollateralschaden leisten.
Alt-Ausländer denken, dass sich Deutschland mit seiner vermeintlichen Willkommenskultur und Integrationspolitik selbst ins Knie schießt. Sie klinken sich in den Debatten über die Flüchtlingspolitik weiterhin aus. Sie lehnen sich zurück und beobachten, wie Deutschland die Integration vor die Wand fährt. Zumindest herrscht dieser Eindruck unter ihnen. Aber was können sie denn schon ausrichten? Mehr als warnend auf bereits existierende Probleme bei der Integration hinzuweisen, können sie nicht machen. So ziehen sie sich aus den Debatten zurück und kümmern sich um ihr eigenes Schneckenhäuschen.

Es geht primär nicht um die Mithilfe, Neuankömmlinge und Flüchtlinge zu integrieren, sondern um das Mitwirken bei der eigenen Integration. Deutschland täte gut daran, das Bestehende weiter zu integrieren bzw. einzugliedern, bevor es sich neuen Flüchtlingen zuwendet. Wenn Neuankömmlinge mitbekommen, wie hier mit Alt-Ausländern verfahren wird, wird es sie demotivieren und demoralisieren. Daher würden alle Seiten verlieren. Die Alt-Ausländer sollten für Neu-Ausländer ein positives Beispiel sein, an dem man sich orientieren sollte. Und kein Beispiel für zukünftige Integrationsprobleme.

Bei allem Verständnis für die deutsche Sicht, sich klar zu den Werten und zum Grundgesetz eines einzigen Landes zu bekennen: es führt nur dazu, dass sich junge Ausländer eben nicht zugehörig fühlen. Insbesondere – so hat man das Gefühl – fokussiert sich die heutige Politik vorwiegend auf türkischstämmige Bürger, die hier meist bereits in zweiter, dritter oder vierter Generation leben.
So stößt das Thema „Doppelte Staatsbürgerschaft" bei ihnen auf großes Unverständnis, da die größte Zahl der Doppelstaatler mit deutschem Pass die Deutschland-Russen sind! Von und über diese Gruppe hört man nichts. Sind die Deutschland-Russen denn dem deutschen Staat näher?

Bei Deutschtürken könnte man noch denken, dass es mit der hiesigen türkischen Politik und ihrer Außendarstellung zu tun hat. Aber ist die aktuelle russische Politik aus Sicht der deutschen Regierung löblicher? Wie erklärt man türkischen Mitbürgern, dass dieses Thema nichts mit dem Islam zu tun hat? Natürlich muss bei der türkischstämmigen Bevölkerung der Eindruck entstehen, dass es zwangsläufig mit ihrer Religion zusammenhängt.

Deutschland unternimmt viel zu wenig, um diesen Eindruck aus der Welt zu schaffen und schafft sich unnötig weitere hausgemachte Probleme an.

Die Alt-Ausländer wollen, dass sich Deutschland um die Flüchtlingsproblematik kümmert und diese löst, anstatt über die Abschaffung der doppelten Staatsbürgerschaft zu diskutieren. Seien wir mal ganz ehrlich: Wann stellte dieses Thema in den letzten Jahren ein Problem für die deutsche Politik und der Gesellschaft dar? Wurde da nicht ein Fass aufgemacht, von dem man gar nicht wusste, dass es vorhanden war?

Aber wie wollen muslimische Bürger die Neutralität zu ihren Mitbürgern wahren, wenn sie mitbekommen, dass katholisch-orthodoxe und jüdische Deutschland-Russen überhaupt nicht in der Integrationspolitik thematisiert werden? Da drängt sich doch sogar beim neutralen Beobachter die Vermutung auf, dass mit zweierlei Maß gemessen wird!

Diese Situation ist Wasser auf den Mühlen der radikalen Moslems, die behaupten, dass Deutschland sie diskriminieren würde. Es ist aber ebenso Wind unter den Flügeln von Rechtsradikalen, die irgendeinen Ansatz suchen, gegen Ausländer vorzugehen. Beiden Seiten ist es willkommen, um Menschen hinter sich zu versammeln und ihnen das Versagen und Konzeptlosigkeit der deutschen Regierung vor Augen zu führen.

Viele Alt-Ausländer denken sich insgeheim, ob denn alles Schaffbare auch geschafft werden muss. Denn eines ist sicher:

Deutschland hat keine unerschöpflichen Ressourcen und die Bevölkerung hat keine unendliche Geduld!

Immer noch gefühlter Ausländer

Lassen Sie mich Ihnen etwas aus meinem Leben und meinen Erfahrungen erzählen.

Vor gar nicht so langer Zeit sprach mich in einem Café eine ältere deutsche Dame an und wollte von mir wissen, wo ich denn Deutsch gelernt hätte. Ohne länger nachzudenken, schoss es aus mir spontan heraus: „Goethe Institut Nairobi".

Die Dame schien überhaupt nicht verwundert zu sein, dass ein Weißer in einem afrikanischem Land Deutsch gelernt hatte. Dann erklärte ich ihr, dass ich gescherzt und Deutsch - welch Überraschung - in Deutschland gelernt hätte.

Doch *das* schien sie komischerweise nun zu wundern. Für mich selbst war es bis dato immer naheliegend, dass man Deutsch in Deutschland lernt. Aber wie ich merkte, war dies nicht allen klar. Sie lächelte und ermunterte mich, doch „bitte am Ball" zu bleiben.

„Sie sind auf einem sehr guten Wege", attestierte sie mir. „Fast akzentfrei und fast ohne Fehler!" Dennoch würde man merken, dass ich kein Deutscher sei. Ob ich es überhaupt wollen oder können würde, kam ihr gar nicht erst in den Sinn.

Ich bedankte mich artig für das „Kompliment" und versprach ihr, dass ich mir noch mehr Mühe geben würde. Als sie von dannen ging, fing ich unweigerlich an, nachzudenken. Es war egal, dass ich seit über 30 Jahren bereits in Deutschland lebte. Es war egal, dass ich ein Gymnasium und eine deutsche Universität besucht hatte. Es war egal, dass ich meinen Wehrdienst in Deutschland absolviert hatte. Es war alles egal. Aber es ist nicht egal, wie man aussieht! Deutsch auszusehen, ohne ein Wort deutsch zu sprechen ist besser als umgekehrt. Hauptsache, man reiht sich in die Masse ein!

Ich mache der Dame überhaupt keinen Vorwurf. Sie entstammt einer Generation und einer Zeit, die mit der Unsrigen nicht zu vergleichen ist!

Dieses Beispiel ist symbolisch für viele Erfahrungen dieser Art. Als Kind und Jugendlicher nahm ich mir solche Begegnungen viel zu sehr zu Herzen. Ich analysierte meine gesagten Sätze und suchte nach dem einen, einzigen Fehler. War es die Satzstellung? War es die Grammatik oder die Zeitform? Wieso lobte man nicht 99 Prozent vom Richtigen und kritisierte 1 Prozent vom Falschen? Vielleicht war es ja nett gemeint, damit ich auf die 100 Prozent komme. Aber leider wird oftmals die Psyche des Gegenübers nicht bedacht. Es ist viel förderlicher, wenn das Geschaffte gelobt wird anstatt das Nichtgeschaffte hervorzuheben.

Übrigens sollte das ebenso für die Kindererziehung gelten.

Nehmen Sie sich mal den englischen Sprachraum als Beispiel. Wenn man ein paar Brocken Englisch sprechen kann, hat man das Gefühl, dass der Muttersprachler einen *Willkommen* heißt. Dein Gegenüber vermittelt dir das Gefühl, dass Du auf dem richtigen Weg bist und weiter dran arbeiten solltest. Eine riesige Motivation.

Zugegeben: Deutsch ist wesentlich schwerer zu erlernen als Englisch. Allein schon aufgrund des einzigen Artikels „*The*" – im Gegensatz zu den deutschen drei „Der", „Die", „Das".

Als ich die deutsche Sprache erlernte, hielt ich alle Deutsche für Genies. Sie konnten Dir zu jedem Nomen den richtigen Artikel nennen. Unsereiner musste Wort für Wort alles langsam erlernen. Die Deutschen wussten gar nicht, warum sie etwas richtig konnten. Der Ausländer dagegen wusste ganz genau, warum er etwas nicht richtig konnte. Er hatte halt keine angeborene deutsche Grammatik in seinen Adern fließen.

Das ist die Situation, für die keiner was kann. Die Deutschen müssen sich nicht für ihre Sprache schämen oder sich entschuldigen. Die Deutschen sollten sich nur bewusst sein, dass die deutsche Sprache halt kein Zuckerschlecken ist.

In ausländischen Ohren klingt die deutsche Sprache sehr hart und düster. Fragen Sie mal die Fans von Rammstein. Ich wurde mal gefragt, ob der Humor der Deutschen genauso hart und düster wäre wie ihre Sprache. Ich konnte dies nur verneinen. Man muss erstmal die Sprache beherrschen und dann wird man schnell merken, dass dem Deutschen Unrecht angetan wird, wenn man ihm Humorlosigkeit vorwirft.

Das Bild der Deutschen auf der ganzen Welt ist von Hollywood geprägt und kreiert worden. Gefühlt wird der Deutsche fast immer als Nazi aus dem Zweiten Weltkrieg in seiner Uniform dargestellt. Ausnahmsweise wird man Deutsche in Filmen sehen, die gegen die Nazis gekämpft haben. Aber das war es meistens. Dabei redet der Deutsche wie eine Stalin-Orgel und rollt das „R", dass sich die Balken biegen. Natürlich fordert dies nicht gerade die Sympathie für Deutschland.

Warum das so ist und warum viele Länder dieses Bild von Deutschland aus Hollywood übernehmen, ist eine andere Sache. Man wird ebenso das Gefühl nicht los, dass angeblich früher alle wie Hitler sprachen.

Ich habe mal eine Finnin kennengelernt, die ein bisschen Deutsch sprach. Sie rollte das „R" so sehr, dass ich Angst vor ihr bekam. Auf meine Frage, ob sie das wirklich absichtlich machen würde, antwortete sie mit Kopfschütteln.

Sie hätte es so in der Schule gelernt und in Filmen gesehen.

Die gefühlten Deutschen

Die Deutschen respektieren Nationen und Völker, von denen sie irgendetwas dazu gewinnen können. Ansonsten sollte man dort wenigstens einmal Urlaub machen können.

Warum sind denn Ausländer aus Ostasien zum Beispiel Japan, Südkorea, China, Thailand und sogar der Mongolei besser angesehen als Ausländer aus dem Nahen Osten?
Die Antwort liegt in der Gegenwart der politischen Lage begründet. Der politisierte Islam hat dem Anschein nach die Religion zum eigenen Zweck gekapert. Heutzutage sind die Länder aus dem fernen Osten verglichen zu dem Nahen Osten nicht negativ behaftet.

Fragen Sie sich selbst einmal!
Wo machen Sie Urlaub?
Spanien, Italien, Griechenland, die Türkei, Südamerika oder den USA? Ist ja auch egal. Aber wenn Sie ein zweites Mal dorthin fahren oder fliegen sollten, müssen Ihnen die Menschen vor Ort sympathisch gewesen sein. Übrigens gilt dies ebenso für alle anderen Nationen, weil wir alle Menschen sind und die gleiche Ausstattung an Emotionen besitzen.

Es gibt Nationen, die die Deutschen einfach lieber mögen. Länder, in denen sie gerne ihre Urlaube verbringen, deren traditionelle Küche ihnen mundet, mit denen sie kulturelle oder religiöse Verbundenheit haben oder einfach deren Lebensart sie bewundern.

Ein Italiener wird nicht als Ausländer, sondern als Italiener wahrgenommen, obwohl er in Deutschland eigentlich als Ausländer gelten müsste. Lecker Pizza, Pasta, „Mamma Mia", „Vino Rosso", „Ciao", „Bella", Sonne pur, Urlaub und hübsche Menschen. Namen wie Silberklänge und vieles mehr können doch nicht trügen!

Ach ja, die Römer dürfen Sie nicht vergessen! Was haben uns alles die Römer beschert? Straßen, Aquädukte, Theater, lateinische Schrift und Sprache, monumentale Steinbauten, Städte, Geschichtsüberlieferungen, Trinkwasser in den Städten, Abwassersystem und höchstwahrscheinlich noch so einiges mehr. Gefühlt ist heute der Italiener ein Verwandter von uns. Im Grunde genommen ein weit, weit, entfernter Verwandter. Ein 2000 Jahre alter Verwandter. Ein Verwandter, dem man eigentlich zu Dank verpflichtet ist, weil er es irgendwie geschafft hat, seine Zivilisation den alten Germanen näher zu bringen. Und das, obwohl die Römer die Germanen für Barbaren hielten!

Dennoch fühlen Deutsche letztendlich eine große Verbundenheit - Verwandte kann man sich eben nicht aussuchen. In den 50gern und 60gern gab es sogar noch lustige Filme, gespickt mit Vorurteilen gegenüber Italienern. Zudem klingt die italienische Sprache wie Musik in den deutschen Ohren, auch wenn Italiener sich - wie überall - das Gleiche erzählen wie die Deutschen.

Dagegen hat der Deutsche bei der arabischen Sprache den Eindruck, als ob gleich einer ein Messer zucken könnte. Doch Hand aufs Herz: Die deutsche Sprache ist für Fremde ebenfalls nicht gerade eine sanfte und zärtliche Trommelfell-Massage. Sie klingt sogar ziemlich hart in ihren Ohren.

Trotzdem ist jede Sprache schön, sofern man sie beherrscht.

Der Grieche steht dem in nichts nach! Was haben uns alles die Griechen erst geschenkt? Die Polis, Philosophie, Astronomie, Onassis, viele Regierungsformen, die wir heute noch kennen. Die Tyrannei oder Tyrannis, was wir heute offiziell verteufeln. Die Demokratie, die heutzutage in manchen Ländern existiert. Okay, manchmal wird versucht, die Demokratie mit der Brechstange durchzusetzen, aber dafür können die Griechen ja nichts.
Sie haben quasi den Grundstein für unsere heutige Zivilisation gesetzt. Außerdem haben sie die Welt mit vielen kleinen Inseln beschenkt. Inseln, auf denen man Party machen und auf offenherzige, griechische Lebensart treffen kann. Inseln, auf denen angeblich sogar Götter Urlaub machten. Die Urlaubsreisen nach Griechenland sind auch heutzutage den Deutschen sehr wichtig.

Staatsschulden und so weiter lassen wir an dieser Stelle einfach unter den Tisch fallen. Vielleicht sollten die Griechen ihre Staatsschulden umbenennen. Umbenennen in „Demokratie-Erfinder-Steuer". Das würde den Griechen jede Menge Geld in die Kassen spülen. Aber das sind temporäre Erscheinungen. Philosophie und Co. sind zeitlose Geschenke für die ganze Menschheit.
Trotzdem hat der Grieche, der heutzutage in Deutschland lebt, das Gefühl, dass er sich für die letzten zehn Jahre verantworten muss, anstatt die Lorbeeren der letzten 2500 Jahre einzufahren.

Sehen wir uns ebenso noch kurz die Franzosen an! Der Franzose hat das, was dem Deutschen manchmal fehlt: Er hat das „Savoir Vivre" quasi erfunden. Käse und Wein sind weltberühmt.

Jedes Jahr beglücken sie uns mit „Haute Couture"- Mode am Fließband - und dennoch immer ausschlaggebend für die ganze Welt. Das sehen wir ja jedes Jahr auf etlichen Modeshows, wo sogenannte Prominente alle in der ersten Reihe sitzen möchten. Was sagt uns das? Geld kann jeder haben, aber Geschmack und Stil kann man sich nicht erkaufen!

Dafür und vieles mehr dankt die Welt den Franzosen. Sie haben wie die Italiener, Griechen und generell alle Südländer Temperatur in ihren Leibern. Wenn sie die Emotionen des Alltags und des Lebens erleben, erleben sie es intensiver als vielleicht die Deutschen. Verstehen wir uns nicht falsch. Das heißt nicht, dass alle Deutschen emotionale Gefühlswüsten sind. Die Deutschen sind einfach aus einem anderen Holz geschnitzt. Die Deutschen sind gefühlsintrovertierter. Außer es geht um Fußball! Sorry, meine Damen, aber leider Gottes nur um den Herrenfußball.

Alle Menschen bluten, aber halt verschieden. Lassen Sie es mich so sagen: Der Deutsche blutet nach innen und der sogenannte Südländer blutet nach außen. Der Südländer möchte, dass der Nachbar, ach was, die ganze Straße, weiß, wie er gerade empfindet. Hat er Trauer, *können* es alle wissen. Hat er Freude, *müssen* es alle wissen. Spätestens seit dem EM-Sieg Portugals in 2016 weiß jeder Deutsche, ob er einen portugiesischen Nachbarn hat. In Deutschland möchte man sich am liebsten mit allem bedeckt halten.

Wie sagt man es bei der Bundeswehr?
Ein deutscher Soldat macht alles leise. Er friert leise und er stirbt leise!

Der Mythos von einer Willkommenskultur

Meiner Meinung nach hat die deutsche Politik eine falsche Vorstellung davon, wie im Einzelnen eine Integration aussehen sollte. Das Wissen oder die Motivation zum Integrieren ist auf dem Reißfeld mit null Bezug zur Realität entstanden! Da machen sich Leute und Politiker Gedanken, wie es funktionieren könnte, ohne selber jemals die Erfahrung gemacht zu haben, wie es ist, als Ausländer hier in Deutschland zu leben.
Wobei, das kann ich Ihnen berichten: Auch nach einer gelungenen Integration wird man immer Ausländer bleiben. Es bräuchte schon drei Generationen, um sich als Deutscher zu identifizieren.

Dabei wird immer wieder regelmäßig berichtet, dass Deutschland Menschen anderer Herkunft integriert hätte, aber es werden ständig dieselben Beispiele genannt.
Nach dem Zweiten Weltkrieg hatte Deutschland Millionen Menschen aus dem Osten Europas integriert. Jedoch wurde nie berichtet, welche Probleme seinerzeit damit verbunden waren. Damals gab es noch viel kontroversere Auseinandersetzungen mit der deutschen Bevölkerung als es heute vermuten lässt. Fragen Sie mal Menschen, die den Zweiten Weltkrieg bewusst miterlebt haben!

Aber wie oder wer hätte die spätere Landesgrenze der Bundesrepublik Deutschland beschützen können? Wer hätte denn an den Grenzen verhindern können, wer ins Land kommt?
Seitens der Siegermächte galt es, die Grenzen ja noch festzulegen. Deutschland hatte schlicht noch keine Souveränität des Staates erlangt.

Es klingt ebenso logisch, dass die ehemalige Sowjetunion die von ihr selbst praktizierte Vertreibungspolitik mit eiserner Faust durchsetzen wollte und niemanden an der Heimkehr nach Deutschland hinderte. Das ist sogar sehr milde ausgedrückt. Man war froh, die Menschen, die ihrer Meinung nicht dahin gehörten, wieder los zu werden. Es wurde aktiv Vertreibung betrieben.

Es wird stets der Eindruck vermittelt, dass Deutschland bzw. die Deutschen integrationswillig wären und gerne fremde Menschen bei sich willkommen heißen wollen.
Dem ist aber nicht so! Das meine ich beurteilungsfrei. Es liegt einfach nicht in Deutschlands DNA. Ein Land, das - historisch gesehen - des Öfteren mit seinen Nachbarn im Konflikt lebte und Kriege gegen diese führte, kann keinen Integrationswillen in seiner DNA auf heimischen Boden aufgenommen haben.
Die „Integration" bestand darin, die eroberten Gebiete und die Menschen zu assimilieren. Das gelang vorrangig mit Gewalt. Das fremde Land wurde zuerst erobert, besiegt, unterworfen, und dann wurde versucht, die Gebiete zu verdeutschen.

Gewiss gibt es in der Politik Integrationsbeauftragte mit Migrationshintergrund, aber auch sie unterliegen der Parteipolitik. Die Parteien besetzen diese Position mit einer Politikerin oder einem Politiker mit Migrationshintergrund und versuchen so, das Gesicht zu wahren und das Gewissen der Partei und der Bürger zu beruhigen. Dennoch vertreten diese Politiker mit Migrationshintergrund am Ende des Tages die Politik der Partei, der sie angehören.

Die deutsche Politik darf Integrationsarbeit nicht nur Firmen und Stiftungen überlassen, da die Neutralität und Unabhängigkeit nicht gewährleistet werden kann. Die Bürger hören von der Politik, dass versucht wird, nah bei den Menschen zu sein und ihren Bedürfnissen zu genügen. Doch die Menschen haben eher den Eindruck, dass diese Worte nicht nur bloße Lippenbekenntnisse, sondern -mit Verlaub- nur **Schamlippenbekenntnisse** sind!

Da erzählt ein alter, männlicher Politiker, „...er wisse, wie es sei, Mutter von drei Kindern zu sein!" Andere Politiker fälschen ihre Werdegänge und legen sich Titel zu, die sie nie innehatten. Oder eine weibliche Politikerin will sich um Kinderpolitik kümmern und ist selbst kinderlos. Ein anderer Politiker macht sich für Familienpolitik stark und wird dann mit Drogen in Verbindung gebracht.
Es heißt nicht, dass Ehrlichkeit zwingend Voraussetzung wäre, aber der Glaubwürdigkeit würde es definitiv nicht schaden.

Blicken wir zurück auf die 90ger Jahre.
Da gab es die große Welle der Russlanddeutschen, die nach Deutschland kamen. Bei mir in der Nähe wurden rasch sofort zwei große Gebäude errichtet, die den Russlanddeutschen zur Verfügung gestellt wurden. Plötzlich hörte man auf der Straße die russische Sprache. Das Lustige war, dass diese Russlanddeutschen mehrheitlich deutsche Namen trugen und auf ihre Großelterngeneration verwiesen, um die eigenen deutschen Wurzeln belegen zu können. Der deutsche Ursprung ist vermutlich in den 30gern und 40gern zu finden, als das Deutsche Reich versuchte, Land zu erobern, es mit Deutschen zu besiedeln und dabei immer mehr nach Osteuropa (deutsche Ostexpansion) vordrang.

Ich will selbst gar nicht beurteilen, in wieweit alles damals durchdacht war oder nicht. Aber was ich beurteilen kann ist folgendes: Die deutsche Regierung gab den Russlanddeutschen alles, was nötig war, um loslegen zu können. Es wurde zwar nicht mit Geld um sich geschmissen, doch man gab ihnen etwas viel Besseres: Sie bekamen deutsche Papiere mit all den Rechten, die der Deutsche selbst hatte!

Nach einer kurzen Eingewöhnungszeit konnten die Russlanddeutschen für sich und ihren Familien ein neues Leben aufbauen. Vielleicht machte es aus politischer Sicht Sinn, dies zu veranlassen und alles durchzuwinken. Die Sowjetunion war zerfallen, die Wiedervereinigung vollzogen und es roch nach einer rosigen Zukunft. Manche prophezeiten sogar, dass blühende Landschaften schon ein Vorgeschmack auf das Paradies sein würden. Deutschland versuchte, so schnell wie möglich die Gelegenheit beim Schopfe zu packen, die plötzlich die Geschichtsschreibung bot. Dafür zahlte man einen hohen Preis. Diesen Preis zahlten wirklich alle und tun es heute noch.

Mein Augenmerk gilt hierbei den Ausländern und deren Integration.
Viele Ausländer, die seinerzeit schon Jahre oder Jahrzehnte in Deutschland lebten, empfanden dies als Affront. Für sie waren die Russlanddeutschen ebenso Ausländer. Dennoch behandelten die Deutschen die neuen Ausländer besser als die alten Ausländer. Viele Alt-Ausländern bekamen in ihren Augen das bewiesen, was sie schon immer vermuteten: „Wir sind hier nicht willkommen."

In meinem Viertel kam es ebenfalls zu Anspannungen zwischen Neu- und Alt-Ausländern. Die Alt-Ausländer beschimpften die Russlanddeutschen und riefen ihnen zu, dass der Großvater wohl nur einen deutschen Schäferhund gehabt hätte. Die Russlanddeutschen seien alle Nazis, weil ansonsten kein richtiger Deutscher im Zweiten Weltkrieg in der Sowjetunion etwas zu suchen hatte.

Die Russlanddeutschen hingegen lachten nur und gaben den Alt-Ausländern zu verstehen, dass sie richtige Deutsche seien und deutsche Papiere hätten. Sie freuten sich schon, wenn die Deutschen die Alt-Ausländer rausschmissen.

Ich weiß, dass viel Mumpitz erzählt wurde und vieles einfach falsch war. Aber Hand aufs Herz:

Wenn Sie möchten, bitten Sie Ihre Ahnen zu Tisch. Der Schmierstoff für eine halbwegs intakte Gesellschaft ist die Liebe unter den Menschen. Aber genau da wird der Hase vom Pfeffer erschlagen.

Unter Völkern gibt es keine Liebe auf den ersten Blick! Noch nicht mal durch langjähriges Anstarren! Das alles braucht viel Zeit und Geduld. Auf diesem Wege darf nicht allzu viel schief gehen, wenn wir auch diesen Aspekt als Teil einer Integration miteinbeziehen. Alles Negative wirft den bereits gegangenen Weg um Jahre zurück. Man kann nur hoffen, dass die Himmelsrichtung annähernd richtig war.

Die Verantwortlichen, die seit der Gründung der Bundesrepublik Deutschland regiert hatten, dachten meist nur in Vier-Jahres-Rhythmen. Keiner dachte richtig langfristig. Man regierte immer nur aus Aktionismus. Unglücklicherweise passiert dies immer noch heutzutage. Es wäre schön, wenn die Verantwortlichen heute wenigstens in Vier-Jahres-Rhythmen denken würden.

Doch sie denken nur noch von Wahltag zu Wahltag. Bundestagswahl, Landtagswahl, Bezirkswahl, Kommunalwahl, Europawahl und was weiß ich, was es noch gibt.

Bei der Politik muss man vier Jahre warten, bis man eventuell Genugtuung erfährt. Das ist aber nur eine winzig kleine Befriedigung, weil wir alle wissen, dass er oder sie alsbald in der freien Wirtschaft einen angeseheneren und besser bezahlten Job finden wird. Natürlich treten diese nur aus der ersten Reihe der Politik zurück.

Die zweite Reihe ist ja auch nicht schlecht, so als Bundestags- oder Landtagsabgeordneter mit all den Annehmlichkeiten.

Wie heißt es so schön im Fußball-Jargon: Vor dem Spiel ist nach dem Spiel. Beim Fußball weiß man wenigstens, dass dieser oder jener verhasste Spieler spätestens mit 45 Jahren nicht mehr auf dem Rasen zu sehen sein wird. Man erfährt immerhin Genugtuung, wenn der verhasste Spieler im Finale eines Wettbewerbs so richtig „abloost" und gedemütigt von dannen ziehen muss. Am besten unter Buh-Rufen und medialer Schelte am nächsten Tag im Internet, garniert mit einem gediegenen Shitstorm!

Aber natürlich: Der Vergleich hinkt ein wenig.

Das Plankton der Gesellschaft

Es ist einleuchtend, dass die deutsche Bevölkerung Angst um ihr Hab und Gut hat, wenn sich eine Bedrohung dessen auch nur annähernd abzeichnet. Das ist nichts Deutschspezifisches. Die meisten Menschen reagieren ähnlich.

„Wir sind zwar bereit zu helfen, aber bitte nicht bei uns im Haus, sondern nur vor der Haustür."

Die Hilfe soll zwar ankommen, aber man möchte den geholfenen Menschen nicht im Alltag vor den Augen haben. Getreu dem Motto: „aus den Augen, aus dem Sinn!"

„Ich beteilige mich an deren Kosten, aber nicht an deren Alltag." Nur würde das so keiner offiziell bestätigen. Die Deutschen und generell Menschen verstecken sich hinter Parolen wie: „Wir haben leider zu wenig Kapazitäten und zu geringe finanzielle Möglichkeiten."

Flüchtlinge haben zum Teil einen langen, harten Weg mit viel Leid wie Vergewaltigung, Misshandlung, Gewalt und Verlust hinter sich. Viele dieser Menschen sind traumatisiert. Wie will Deutschland traumatisierten Menschen helfen, wenn nicht genügend passende Psychologen mit den nötigen Sprachkenntnissen existieren?

„Normalos", die psychologische Hilfe benötigen, mussten schon vor der Flüchtlingskrise über Monate auf einen passenden Termin warten.

Deutschland kann gar nicht so viel qualifiziertes Personal einstellen bzw. ausbilden wie kurz- und mittelfristig gebraucht wird. Doch ohne Sprachkenntnisse ist eine erfolgreiche Therapie kaum möglich!

Kinder müssen mit dem Erlebten in einer neuen Welt, die aus anderen traditionellen, kulturellen und rechtlichen Begebenheiten besteht, zurechtkommen. Meistens klappt dies nur mit einer als Selbstschutz gearteten Verdrängung, die eines Tages zu Tage treten kann. Verdrängung ist nie gut, denn negative Aggressionen führen meistens zu Schäden bei Mitmenschen und sich selbst.

Klar, Deutschland ist ein wohlhabendes Land. Dennoch sehen Menschen eher das eigene Leid und die eigenen Probleme, als nur die der Mitmenschen. Viele denken sich, dass schon vor den Flüchtlingsströmen zu wenig für die eigenen Bürger getan wurde. Wieso sollte es einem besser gehen, wenn knapp eine Million Flüchtlinge neu hinzukommen?
Stand jetzt.

Überdies fehlte es bereits vorher vielen Kommunen vorne und hinten an Kindergartenplätzen, Sozialarbeitern und vieles mehr. Hinzu kommen Arbeitslosigkeit und Kinderarmut und ein zu niedriges Einkommen, obwohl man mindestens einen Job hat.
Überdies leiden viele ältere Menschen an Altersarmut. Dafür, dass wir in einem der reichsten Länder der Welt leben, ist dieser Zustand erbärmlich. Viele Bürger haben den Eindruck, als ob die Politiker in einer Parallelwelt leben.

Familien fühlen sich nicht ausreichend unterstützt. Alte Menschen wollen mehr Respekt und Beachtung. Jugendliche verlangen nach Respekt und Förderung. Sie erwarten Respekt von allen. Jung oder Alt ist egal. Respekt für die einzelne Person und natürlich für die Dinge, für die der Einzelne steht.

Religion, Tradition, Kultur und Sprache sind tragende Wände jeder Gesellschaft und ihrer Individuen. Respekt ist enorm wichtig. Das sehen auch die allermeisten Flüchtlinge und Ausländer so.
Leider vergessen wir es heutzutage manchmal.

Man mag es vielleicht nicht zuerst glauben können, aber Respekt ist in der heutigen Generation der Jugendlichen ein wichtiger Punkt! Gefühlt hatte Deutschland noch nie so viele Menschen im Rentenalter wie es derzeit der Fall ist. Zumal es in den nächsten Jahrzehnten noch viel mehr werden dank der Babyboom-Generation aus den 1960ger Jahren.
Die demographische Entwicklung spricht eine eindeutige Sprache.

„Otto Normalbürger" kann nichts damit anfangen, wenn die deutsche Wirtschaft sich darüber beschwert, dass sie ca. 500.000 Arbeitskräfte pro Jahr benötigen würde, um den heutigen Stand halten zu können. „Was interessiert mich die blühende Wirtschaft, wenn ich kaum Geld habe, um gut leben zu können?"

Dagegen meinen andere, dass die schrumpfende oder stagnierende Wirtschaft sie herzlich wenig interessiert, solange sie gutes Geld verdienen und gut leben können. Natürlich leben wir alle in einer zivilen Gesellschaft und profitieren davon. Dennoch funktioniert die heutige Welt ganz anders als die Welt unserer Eltern und Großeltern seinerzeit!

Die Probleme sind bis zu uns, dem „Plankton‟ der Gesellschaft angelangt. Wie weit ist es mit der innenpolitischen Lage in Deutschland gekommen, dass sogar Menschen, die auf Flaschenpfand angewiesen sind und diese aus den öffentlichen Mülleimern fischen, sich aufregen, dass die Eimer leer gefischt sind, mitunter von Flüchtlingen! Ist ja auch irgendwie klar. Neuankömmlinge sehen, wie die hiesige Bevölkerung Geld in Mülleimern entsorgt und machen davon Gebrauch.

Als ich neulich meinen Müll entsorgen wollte, stand eine ältere deutsche Dame vor mir und durchwühlte den Mülleimer. Sie fluchte über Flüchtlinge, die ihr die Pfandflaschen und Pfanddosen streitig machten.
„Ihr habt den ganzen Tag Zeit und lasst nichts für andere übrig!‟ fauchte sie mich an.
Ich verstand ihre Aufregung zuerst nicht, weil ich gar nicht nach Pfand suchte. Als sie bemerkte, dass ich ihr nichts streitig machen wollte, entschuldigte sie sich, aber blieb standhaft bei ihrer Meinung. Sie beschwerte sich, dass der deutsche Staat alte und hilfsbedürftige Menschen nicht ausreichend beachte und verschaffte sich lautstark Luft:
„Ist das der Dank dafür, dass ich 35 Jahre gearbeitet und Steuern gezahlt habe? Nun muss ich mich mit Pfand sammeln über Wasser halten, da die Rente nicht zum Leben reicht!‟
„Wenn Flüchtlingskinder ein Eis haben wollen, gibt manch Elternteil den Rat, sich das Geld dafür aus den Mülleimern einfach zu holen.‟
Ob das stimmt, kann ich nicht bestätigen. Trotzdem spiegelt die Meinung dieser Dame die angestaute Wut und Frustration der abgehängten Schicht unserer Gesellschaft wider.

„Die erzählen immer nur von der schwierigen Lage des Wohnungsmarktes. Doch eine neue Wohnung sucht man alle paar Jahre allenfalls. Was aber ist mit den immer weiter steigenden Mietkosten heutzutage? Die Probleme, die Deutschland bereits hatte, verschärfen sich weiter. Warum sehen die Politiker nicht, dass ein sozialer Sprengstoff in der Bevölkerung existiert? Begreifen die da oben, dass wir eine Spaltung der Gesellschaft und ein Gerechtigkeitsproblem haben? Die sollten sich über Verteilung im Lande Gedanken machen und uns hier unten an den Erfolgen Deutschlands teilhaben lassen. Da liegt unser eigentliches Problem. Die oben sehen nicht den täglichen Kampf, den unsereiner jeden Tag hat. Die muten uns jeden Tag immer mehr zu!"

Ich ahnte, wo diese Dame ihr Kreuzchen demnächst machen würde und erinnerte mich an einen Spruch meiner Mutter. Sie fragt mich mal rhetorisch:
„Was weiß der Satte von den Sorgen des Hungrigen?"

Die Dame tat mir irgendwie leid. Im postfaktischen Zeitalter hatte sie absolut Recht. Wahrscheinlich hätte sie ebenso im prefaktischen Zeitalter Recht gehabt. Aufgrund der zunehmenden Konkurrenz an den Mülleimern waren ihre Einnahmen stark zurückgegangen. Ich dachte mir nur wie es sein kann, dass in einem Land wie Deutschland Menschen jeder Herkunft und jeden Alters angewiesen sind, in Mülleimern nach Pfandflaschen suchen zu müssen.
Machen Sie bitte nicht den Fehler, Flaschensammler mit alkoholkranken Menschen gleichzusetzen! Wenn Sie möchten, sind wir alle ein wenig geldkrank.

Dazu brauchen wir keinen Alkohol!

Normalerweise kennt man das aus Dritte-Welt-Staaten, in denen Menschen bzw. Kinder nach verwertbaren Rohstoffen im Müll suchen, um diese gegen Geld einzulösen. Aber wir reden hier von Deutschland und von der sogenannten Ersten Welt.

Das alles ist sehr bitter.

Eigentlich ist es schon *zu* bitter.

Ob sie denn Kinder hätte, wollte ich von ihr wissen.

„Kinder? Sogar Enkelkinder", entgegnete sie mir. „Aber sie sind auch nicht viel besser dran. Meine Kinder müssen sich um ihre eigenen Kinder kümmern und da bleibt man als Großmutter halt auf der Strecke." Sie haderte nicht mit ihren Kindern, sondern mit ihrem Staat. Ihre Kinder können nichts für ihre Minirente, aber der Staat schon. Sie meinte, dass Deutschland vergessen hätte, von wo alles herkomme.

„So geht man nicht mit den alten Menschen in einem Erste-Welt-Land um!" Trotz all ihrem Nuscheln konnte ich ihren Gedanken folgen. Sie sagte schließlich etwas zu mir, dass an mir hängen blieb und mich eine längere Zeit beschäftigte:

„Leben bedeutet Leiden. Doch um dem Leid einen Sinn zu geben, nennt man es *Über*leben".

Stellvertretererklärungen von Ausländern

Schauen wir doch einmal kurz nach Frankreich:
Durch die schrecklichen und verheerenden Anschläge in den Jahren 2015 und 2016 steht die bereits sehr angespannte Situation zwischen Franzosen und Moslems jetzt kurz vor der Explosion. Es wird leider nicht unterschieden, ob es sich um seit Jahren dort lebende Alt-Ausländer muslimischen Glaubens oder um neu Hinzugekommene bzw. Neuankömmlinge handelt. Dabei ist der einheimischen Bevölkerung völlig egal, ob der Selbstmordattentäter in Frankreich geboren wurde und ob er einen französischen Pass besaß!
Kurz gesagt: ein richtiger Franzose würde sich nicht so verhalten! Egal welchem Glauben er angehört. Er würde nicht sein eigenes Land bekämpfen, wenn er es liebt! Dies ist durchaus nachvollziehbar.
Auch wenn man nicht alle Moslems in Frankreich oder sonst irgendwo über einen Kamm scheren darf, führen ständige Wiederholungen über islamistischen Terror in den Medien dazu, dass man einen Generalverdacht gegenüber muslimischen Mitbürgern schürt.

Was mir in den letzten zwei Jahren aufgefallen ist, sind die gut integrierten Alt-Ausländer, die bloß noch hoffen, nicht ständig mit schlechten Nachrichten aus ihren Heimatländern und mit negativ aufgefallenen Landsleuten in Deutschland konfrontiert zu werden. Obwohl es mit einem selbst überhaupt nichts zu tun hat, drängt sich zumindest das Gefühl auf, dass man sich stellvertretend entschuldigen müsse. Man wird zwangsweise in ein negatives Licht gerückt.

Die Deutschen müssten dieses Gefühl aufgrund ihrer eigenen Geschichte kennen. Selbst heutzutage müssen sie sich im Ausland hier und da gegen Nazivorwürfe wehren, obwohl sie für damalige Verbrechen nichts konnten und die eventuell betroffene Großeltern- und Urgroßelterngeneration so gut wie ausgestorben ist. Die geschädigten Menschen, Völker und Nationen beharren darauf, dass die Deutschen ihre Verbrechen nie vergessen dürfen.
Dies ist natürlich nachvollziehbar.

Genauso ist es nachvollziehbar, dass die Deutschen nicht ständig im Ausland damit konfrontiert werden möchten, was ihre Ahnen und Vorväter einst Schlimmes anrichteten.
Wissen Sie, wovon ich spreche?
Viele Ausländer leben in Deutschland gerade weil sie die Gegebenheiten in ihren Ursprungsländern bzw. Heimatländern ablehnen. Man braucht ebenso kein Einstein sein um zu wissen, dass sie sich für die Politik ihres Landes eventuell schämen. Sie sind eher stolz auf ihre Herkunft, Kultur, Sprache, Geschichte und Besonderheiten.

Kein Afrikaner würde sich für seine Hautfarbe entschuldigen. Er würde sich höchstens für das Chaos in seinem Land entschuldigen!

Nehmen wir den aktuellen Zustand in Europa im letzten Jahr 2016. In Nizza handelte es sich beim Attentäter um einen Tunesier. In Deutschland war es nahe Würzburg ein Afghane, der in den Medien als „Axt-Afghane" betitelt wurde. Zum Glück starb dort kein Unschuldiger. In München handelte es sich um einen psychisch kranken Deutsch-Iraner, der Amok lief. In Ansbach sprengte sich ein Syrer in die Luft.

In Berlin fuhr ein Tunesier mit einem LKW in einen Weihnachtsmarkt. Allesamt waren es schreckliche Taten. Keine Frage.
Nur: Wer soll sich dafür entschuldigen?
Richtig, bei solchen Verbrechen gibt es keine Entschuldigung und somit auch keine Rechtfertigung!

Trotzdem fühlen sich Tunesier, Afghanen, Syrer und Iraner beschämt und haben das Gefühl, sich für diese unmenschlichen Taten entschuldigen zu müssen, obwohl sie friedlich seit Jahren gesetzestreu in Deutschland leben.
Man könnte genauso fragen: „Was kann ich dafür, dass ein Landsmann austickt?"
Klar, könnte man denken, dass es mit einem selbst nichts zu tun hat! Dennoch finde ich die Haltung vieler Ausländer, die in Deutschland leben, sehr löblich. Sie entschuldigen sich zwar nicht für diese Attentäter, sind aber trotzdem sehr betroffen. Als richtiger Ausländer war man ja sowieso nicht der Willkommenste in Deutschland.
Jetzt passiert auch noch so ein Unglück!

Deutschland testet seit Jahren sein Glück. Unter anderem exportiert Deutschland regelmäßig Waffen in verschiedene Länder auf diesem Planeten und gilt heutzutage als drittgrößter Waffen-Exporteur. Deutschland mischte sich zwar nicht direkt in das Weltgeschehen ein, wollte aber mit den Großen am Tisch sitzen und mit den wichtigen Playern auf der Welt um die Wette pinkeln.
Dass man dabei ein paar Spritzer auf die Schuhe abbekommt, war eingeplant.

Aber dass man vollgepinkelt wird, war keinesfalls eingeplant!

Dabei vergaß es, seine Hausaufgaben zu machen. Deutschland verhielt sich wie immer. Die Scheckheft-Diplomatie ist gefühlt eine deutsche Erfindung.

Innenpoltisch wird zu anderen Methoden gegriffen. Wenn es ein Problem gibt, wird die komplette Maschinerie angeschmissen und Gesetze beschlossen und verabschiedet. Falls diese nicht greifen, wird überlegt, in welcher Form und mit welcher Erklärung man Steuern erheben kann.
Punkt. Problem gelöst.
Und wenn nicht, so hat man wenigstens Zusatzeinnahmen!

Hier mein nicht allzu ernst gemeinter Vorschlag:
„Steuern auf alle Ausländer, die sich weigern, integriert zu werden!"

„Wir schaffen das ...“

Sie erinnern sich doch an den einfachen, dennoch sich in den Köpfen eingebrannten Satz:

„Wir schaffen das!“

Es sind drei kleine Worte, die aber in der heutigen Zeit viel Sprengstoff in sich bergen. Die Kanzlerin hätte auch sagen können: „Jetzt erst recht!“
Bei solch einer Aussage bzw. einem Satz mit drei Worten drängen sich beim Normalbürger drei Fragen auf.

Erstens: Wer ist *„Wir"*?
Zweitens: Was heißt *„schaffen"*?
Drittens: Was ist *„das"*?

Es hört sich halt wie ein Riesenslogan an. Durch die ständige Wiederholung ist auch keinem geholfen. Irgendwie verstehen die Bürger ja, was eventuell gemeint sein könnte, aber keiner weiß es konkret. Hingegen fühlten sich sehr viele Ausländer eben *nicht* von der Kanzlerin angesprochen.

„Wieso gibt es plötzlich ein *Wir*?“
oder
„Damit kann Frau Merkel auf keinen Fall uns meinen, denn man beachtet uns schon seit Jahren nicht mehr. Und jetzt will sie unsere Hilfe?! Nee nee, dass können sie schön alleine lösen. Unsere Meinung wollte ja keiner hören.“

So ähnlich denken sehr viele Ausländer.

Das Dilemma der Kanzlerin ist, dass sie nicht authentisch wirkt. Dafür kann sie ja auch nichts. Sie wuchs in der ehemaligen DDR auf.

Wie Sie vielleicht wissen, war die DDR nicht gerade bekannt für ihren hohen Ausländeranteil. Die meisten Ausländer kamen aus kommunistischen Ländern, die mit dem DDR-Regime irgendwie konform waren. Diese kamen mehrheitlich in die DDR, um zu arbeiten. Teilweise kamen sie aufgrund einer Ausbildung oder eines Studiums.
Aber die meisten gingen auch wieder. Zum Teil, weil sie wollten oder weil sie mussten. Dabei war es egal, ob sie sich vorbildlich verhielten oder sogar gemeinsame Kinder mit Ostdeutschen hatten. Die Wenigsten hatten aufgrund von Visabestimmungen überhaupt die Option, zu bleiben.

Zumindest kann man festhalten, dass kaum jemand aus muslimischen Ländern in das kommunistische Land namens Deutsche Demokratische Republik kam und dort dauerhaft geblieben ist. Falls doch, teilten sie die kommunistische Weltansicht. Auch das kann sich eigentlich jeder zusammenreimen: Kommunisten gelten für Muslime als „Gottlose". Daher werden Kommunisten in muslimischen Ländern kaum akzeptiert.

Somit kamen fast alle kommunistischen Moslems mit einem „One-Way-Ticket" in die DDR. Die Wenigsten konnten zurückkehren, ohne Repressalien oder sogar Schlimmeres zu befürchten. Falls sie doch die ehemalige DDR verlassen mussten, dann versuchten „muslimische" Kommunisten in andere kommunistische Länder zu immigrieren.

Deshalb liegt es gleichsam auf der Hand, dass Moslems und Ostdeutsche kaum oder gar keinen Kontakt hatten. Die meisten Ausländer lebten auf einem gesonderten Gelände und hatten nur sehr wenige Berührungspunkte mit Ostdeutschen.

In der DDR wurden - ebenso wie in der BRD - Arbeitskräfte gebraucht, aber hier bediente man sich den ostdeutschen Frauen. Männer und Frauen waren gleich gut für die gleiche Arbeit. Daher auch gleiche Bezahlung und damit einhergehend eine ganz andere Familienpolitik inklusive kostenloser Kinderbetreuung ab einem Alter von zwei Monaten. Die DDR-Frauen konnten nach dem Mutterschutz schnell wieder zurück an ihre Arbeitsplätze kehren.

Die Westdeutschen Bürger hingegen hatten allein schon durch die türkischen Gastarbeiter und deren Familien gewisse Berührungspunkte und Kontakt zur muslimischen Welt geknüpft. Für diesen Zustand kann man keinen zur Verantwortung ziehen; muss man auch nicht!
Es reicht schon, wenn man diese Tatsachen zur Kenntnis nimmt. Das sind einfach Fakten, mit denen die Gesellschaft im wiedervereinten Deutschland zu Recht kommen muss.

Mir geht es hierbei um die Authentizität der deutschen Politik und der Regierung. Es ist auch nicht damit getan, irgendwelche Menschen mit Migrationshintergrund in bedeutungslose Positionen zu setzen, nur um zeigen zu können, dass man trotzdem hier in Deutschland etwas erreichen kann. Diese Ausnahmen spiegeln bei Weitem nicht die allgemeine Realität in der deutschen Gesellschaft wider.

Die Kanzlerin kann auf nichts in ihrer Biographie verweisen, dass mit der Integration von Ausländern, geschweige denn muslimischen Mitbürgern zu tun hätte. Verstehen Sie mich bitte jetzt nicht falsch. Es ist ja auch kein Muss.
Aber was ist eigentlich mit der Familienpolitik der Kanzlerin? Daran könnten die Bürger des Landes, egal ob Ausländer, Deutsche, Muslime, Juden, Katholiken und andere Glaubensrichtungen, mehr interessiert sein.
Kinder und Familie hat der Mensch schon immer gehabt und wird sie auch immer haben, solange es uns Menschen gibt.

Genauso finde ich, dass dem Deutschen zu Unrecht unterstellt wird, dass sie nur an einer sachlichen Diskussion der Politik interessiert wären. Diesbezüglich ist Deutschland nicht alternativlos. Die Menschen in Deutschland – und so gut habe ich die Deutschen schon kennengelernt – wünschen sich mehr als nur eine einfache Politikmathematik, bei der komplexe Probleme und Sachverhalte mit rationalen Gleichungen irgendwie gelöst werden.

Es ist ja nicht so, dass Deutschland mehrheitlich bereits muslimisch geprägt wäre. Nach groben Schätzungen leben ca. 4-5 Millionen Muslime in Deutschland, wobei man auch da eigentlich differenzieren müsste. Christen sind ja auch nicht alles Katholiken.

Wie sagte ein berühmter deutscher Fußballer einmal?
„Ist so!"

..., oder *Ihr* schafft das!"

Um zu sehen, was die Bürger von den Plänen ihrer gewählten Politiker halten, besuchte ich letztens einen Informationsabend in meinem Wohnviertel. Das Viertel befindet sich am Stadtrand. Die Stadt wollte Anwohnerinnen und Anwohner über die Unterkünfte für Geflüchtete informieren. Die Veranstaltung fand in einem Schulgebäude statt, das tagsüber als Gymnasium genutzt wird. Es waren mehrheitlich Personen anwesend, die man als „Mitte unserer Gesellschaft" bezeichnen kann. Die Aula der Schule war sehr gut besucht. Ein Moderator, eine Sozialarbeiterin und der Wohnamtsleiter der Stadt waren zugegen.

Die Menschen waren mit Zetteln, auf dem ihre Fragen standen, erschienen. Zuerst versuchte der Wohnamtsleiter der Stadt in einer 30-minütigen Power-Point-Präsentation die Lage zu erklären, um sich anschließend den Fragen der Anwohner zu widmen.

Die Präsentation handelte erwartungsgemäß nur von Zahlen:
„...so und so viele Flüchtlinge kamen seit 2015 in unser Bundesland..."
„...so viele Flüchtlinge kamen seit 2015 in unsere Stadt..."
„...so viele Flüchtlinge konnten wir in Turnhallen unterbringen..."
„...so viele Flüchtlinge leben noch in Containern..."
„...so viele Flüchtlinge leben mittlerweile in Wohnunterkünften..."
Und so weiter.

Wie Sie hieran bemerken, war es bis zum Ende der Präsentation eine sehr zähe Veranstaltung, die kaum neue Erkenntnisse brachte.

Die Anwohner hatten ganz andere Fragen bezüglich der Flüchtlinge. Erst nach der Präsentation kam der Informationsabend so richtig in Schwung. Damit Sie sich etwas vorstellen können, muss ich kurz ausholen und Ihnen kurz die Lage zuerst beschreiben.

In meinem Viertel und den angrenzenden Stadtteilen leben Menschen, die finanziell gut dastehen und Menschen, die - milde gesagt – das Plankton des Systems bilden. Es leben viele Alt-Ausländer, Ausländer und Deutsche seit langer Zeit hier zusammen. Es gibt hier mehrere Kindergärten, Grundschulen, Gymnasium und Hauptschule, Sportvereine, Sportplätze, Einkaufszentrum. Und bis vor ein paar Jahren gab es hier noch ein Hallenbad. So gesehen hatte ich eine schöne Kindheit bei all den Möglichkeiten, die zur Verfügung standen.

Doch seitdem hat sich sehr viel ins Negative verändert:
Eine Kita ist seit vielen Jahren geschlossen und das nur, weil sich die Stadt vor der Reparatur eines Wasserschadens drückt. Das Hallenbad, von Alt und Jung, Schulklassen, Kitas und Schwimmvereinen genutzt, wurde geschlossen und ist es bis zum heutigen Zeitpunkt geblieben. Wo lernen die vielen Kinder nun Schwimmen? Garantiert nicht im teuren und weit entfernten Erlebnisschwimmbad, wo eh nur 1x im Jahr - wenn überhaupt - geplanscht wird.
Nun wird das Hallenbad mit Hilfe eines privaten Investors umgebaut: 160 sogenannte Schlafkojen, wurden in kürzester Zeit bis April 2017 fertig gestellt! Natürlich vermietet der Privatinvestor es zurück an die Stadt als Unterkunft für Geflüchtete. Und das über einen Zeitraum von fünf Jahren! Mit Garantie! Und über exorbitante Gelder wird hinter vorgehaltener Hand gemunkelt!

Sporthallen und Mehrzweckhalle wurden seit 2015 mit Flüchtlingen belegt. Das führte zunächst dazu, dass der Schulsport nicht mehr wie gewohnt stattfinden konnte. Hallenbad und Mehrzweckhalle grenzen direkt aneinander. Dahinter wurde extra ein neues Gebäude errichtet, welches für Flüchtlingsfamilien gedacht ist. Des Weiteren wurde die Straße runter noch eine Wohncontaineranlage mit abgeschlossenen Wohneinheiten errichtet, die seit Januar 2017 bezugsfertig ist und Platz für 72 Personen bietet.

Selbstverständlich waren die Anwohner interessiert, was so in ihrer Gegend passiert. Doch zum Leidwesen aller Anwesenden waren die Pläne schon längst beschlossene Sache und zum größten Teil umgesetzt. Die Bürger wollten wissen, welche Politiker sich an dieser Veranstaltung beteiligen würden.
Ich sage es Ihnen: kein Einziger!
Kein Kommunalpolitiker war bei dieser Veranstaltung anwesend. Die wussten schon warum. Angeblich hätten sie andere Termine gehabt.

Die Anwohner wollten vom Wohnungsamtsleiter dennoch wissen, warum sie nicht schon vorher informiert worden waren. Denn so war ja alles bereits entschieden und die Bauarbeiten längst im Gange!
Was sollte es bringen, dass nachträglich informiert wurde? Einige Menschen beschwerten sich darüber, dass die Stadt sie alleine ließe. Andere klagten darüber, dass die Zahl ehrenamtlicher Helfer rückläufig sei und das Interesse am Mitwirken der Bürger nachließe.

Der Wohnamtsleiter verwies auf die Vorgaben des Bundeslandes, welches ihm vom Bund vorgegeben wurde: „...die müsse man umsetzen" und „...da könne man halt nichts machen."
Für die Stadt bestünde eine gesetzliche Unterbringungsverpflichtung, um die geflüchteten Menschen vor Obdachlosigkeit zu bewahren. Er machte eigentlich genau das, was ihm „angetan" wurde: Er gab die Vorgaben des Bundes und des Bundeslandes einfach weiter an die Bürger.

Aber was sollen die Bürger, sprich die Anwohner, selbst damit anfangen? Alle Entscheidungsketten mündeten letzten Endes in Flüchtlingsunterkünfte vor ihren Augen, Wohnungen und Häusern. Die Anwohner wollten wissen, ob die Stadt von ihrer Realität überhaupt etwas mitbekomme. Sie gaben zu bedenken, dass Vermieter schon seit längerem Wohnungen in bestimmten Vierteln nur an Berufstätige mit festem Einkommen und unbefristeter Vollzeitstelle vermieten würden.
Die Konsequenz liegt somit auf der Hand. Aufstocker, befristete Leiharbeiter, Arbeitslose, Alleinerziehende mit Kindern, Hartz IV-Bezieher, Menschen mit wenig Mitteln und neu hinzukommende Flüchtlinge werden in den nächsten Jahren immer mehr an die Stadtrandgebiete gedrängt und darüber hinaus, wo sie dann nur noch unter sich leben werden.

Des Weiteren waren die Anwohner besorgt, ob denn eine Ansiedlung von Flüchtlingen direkt an einer Schule angemessen sei. Der Wohnamtsleiter wurde langsam unruhiger, weil er sich angegriffen fühlte und keine Antworten parat hatte.

Er musste für etwas den Kopf hinhalten, wofür er nicht wirklich etwas konnte. Dennoch war er da und musste die Stellung halten. Er verwies darauf, dass man ja versucht hätte, die Lasten gleichmäßig in der ganzen Stadt zu verteilen.

Auf die Frage, warum es nicht auch in den reichen Vierteln Flüchtlingsunterkünfte gäbe, reagierte er nervös und verwies auf Baugenehmigungen, die aufgrund von Autobahnlärm nicht erteilt werden konnten. Der Lärm wäre eine Zumutung für Flüchtlinge gewesen. Die Anwohner lachten und riefen ihm zu, dass die Baugenehmigung für das Hallenbad ebenso nicht rechtens sei. Vor allem seien die neuen Unterkünfte in unserem Viertel auch nur zweihundert Meter Luftlinie von der Autobahn entfernt. Doch diesen Einwurf schenkte er keinerlei Beachtung.
Er führte an, dass mit der gleichmäßigen Verteilung eine Integration ermöglicht werden würde. Und plötzlich wurde mir klar, dass er aus Verzweiflung oder sogar Scham einfach das Wort „Integration" in den Raum geworfen hatte, um sich etwas Luft zu verschaffen!

Dabei blieb er jedoch die Antwort schuldig, wie genau dadurch eine Integration gelingen sollte.
Er versuchte es so darzustellen, dass der Ort von Unterkünften bzw. die Lage der Unterkünfte an sich die Integration von allein antreiben werde. „Wenn Flüchtlinge eingebettet werden in unser aller Leben, würde eine Integration schon angestoßen werden!"

Meiner Meinung nach hatte auch er keinerlei Ahnung, was Integration eigentlich bedeutet. Diese Sätze klangen wie aus einem Dossier des Bundesinnenministeriums. Er gab alles lediglich weiter und wiederholte ständig die Sätze wie ein Mantra, „…es ist keine politische Veranstaltung" und „…hier findet lediglich ein Informationsabend bezüglich der Wohnunterkünfte statt…!"
Wie konnte man bei einem solchen Informationsabend denn nicht über Politik reden, frug ich mich.

Und genau das meine ich damit, wenn Bürger ihrer Schweigekraft beraubt werden. In diesem Fall waren es die Anwohner, die ihrer Schweigekraft beraubt wurden und zu dieser Veranstaltung erschienen, um sich Luft zu machen. Sie fühlten sich quasi genötigt, eine Stellung einzunehmen und von ihren Bürgerrechten Gebrauch zu machen.
Ein Anwohner gebrauchte sogar das Wort „Vergewaltigung". Er gab an, dass er sich vergewaltigt fühle, weil Entscheidungen in Berlin gefällt werden, mit denen er vor seiner Tür leben müsse.

Zugegeben klang es zuerst ein bisschen krass, dennoch fand seine Aussage Anklang. Es schien so, als ob die Menschen eine letzte Möglichkeit nutzen wollten, bevor sie ihr Wahlverhalten ändern. Falls sie das nicht schon vorher getan hatten. Die Möglichkeit, diesem entgegenzusteuern, wurde in meinen Augen seitens der Verantwortlichen schlicht vertan.
Die Anwohner verließen nach knapp zwei Stunden mit großer Wut im Bauch den Informationsabend, weil sie das Gefühl hatten, dass ihre Sorgen und Belange nicht ernst genommen werden. Auf kommunaler Ebene kann anscheinend nichts erreicht werden, da immer wieder nach oben verwiesen wird und die Verantwortlichen sich einen schlanken Fuß machen.

Was kann man also tun? Einige Anwohner, mit denen ich sprach - dazu zählten ebenso Alt-Ausländer - erzählten mir, dass sie stark mit sich kämpften. Sie wollen zwar keine populistischen oder sogar rechtsradikalen Parteien wählen, aber die deutsche Politik ließe ihnen kaum noch andere Möglichkeiten.

Was kann man denn noch alles machen, außer Veranstaltungen und Politikabende zu besuchen, um auf Probleme hinzuweisen und Bedenken zu äußern? Es herrschte eine Stimmung, die besagte, dass ein gehöriger Denkzettel den etablierten Parteien und den Entscheidungsträgern verpasst werden müsste. Vielleicht würden sie ja dann aufwachen.

Ich fand diese Einstellung sehr bedenklich, weil ebenso Alt-Ausländer mit dieser Einstellung konform waren. Aber es war nicht überraschend für mich. Die einzige Option, die sie haben, ist sich bei den kommenden Wahlen anders als sonst zu entscheiden. Dies geschieht nicht, weil andere Parteien über *bessere* Konzepte verfügen, sondern weil sie schlicht *andere* Konzepte haben. Die Bürger scheinen nicht *für* eine Partei oder einer Person zu sein, sondern *gegen* diese.

Ein Anwohner schäumte vor Wut: „Die da oben werden noch merken, ob alles hier in Deutschland alternativlos ist!" Aus ihm sprach die blanke Wut. Natürlich sah er keine Wertsteigerung seiner Immobilie, wenn in seiner Nähe Flüchtlingsunterkünfte errichtet werden.

Viele Anwohner interessierte insbesondere die Frage, ob junge unbegleitete Flüchtlinge in ihrer Nähe untergebracht werden. Der Wohnamtsleiter versuchte die Bürger zu beruhigen, indem er ihnen zusagte, dass ausschließlich Familien untergebracht werden. Zumindest dachte er das.

Die Anwohner waren überhaupt nicht beruhigt. Sie wollten wissen, woher er das mit Sicherheit sagen könne. Des Weiteren waren die Anwohner besorgt, ob wirklich nur Familien angesiedelt werden würden, da man seit der unkontrollierten Einreise von Flüchtlingen gar nicht mit Sicherheit sagen könne, wer wirklich vor einem stehe. Mancher männliche Anwohner gab zu bedenken, dass die Anwesenheit von muslimischen Frauen auch zu Spannungen führen könnte. Ich war erstaunt, dass sogar die Anwohnerinnen applaudierten und ihm Recht gaben.

Weiterhin verwiesen sie darauf, dass man selbst keine ausreichende Kindergartenplätze und bezahlbare Wohnräume zur Verfügung hätte.
Diese Probleme hatte es schon vor der Flüchtlingskrise gegeben und man hätte nichts für sie unternommen. Wie könne es denn sein, dass plötzlich neu gebaut wird und Wohnräume errichtet werden, nur weil Deutschland eine Flüchtlingskrise hat? Wieso hatte der Staat nicht schon viel früher etwas für die eigene Bevölkerung unternommen? Außerdem seien die neuen Wohnräume ausschließlich für Flüchtlinge gebaut worden. Die einheimische Bevölkerung habe gar nichts davon.

Ich bemerkte, dass die Problematik viel komplexer und tiefgehender ist, als die Massenmedien uns glauben lassen wollen. Da traf der Spruch zu, dass die eigene Haut einem am Nächsten ist. Wenn das direkte Umfeld betroffen ist, wird dort der Schlussstrich gezogen. Die Anwohner versuchten zu sagen, dass das ihnen alles zu viel ist.

Ihre Sorgen und Gefühle hatten sich in ihre Realität eingeschlichen. Unabhängig von allem.

Flüchtlingsfrauen und die Emanzipation

Liegt es denn nicht wirklich auf der Hand, dass über kurz oder lang die muslimischen Flüchtlingsfrauen mehr Freiheiten für sich beanspruchen wollen? In einem freien Land ist das doch das Naheliegendste, oder?
Das sollte man zunächst denken!

Aber sind die muslimischen Flüchtlingsmänner ebenso bereit, den Frauen diese Freiräume zu gewähren? Schon muslimische Alt-Ausländer haben damit so ihre Schwierigkeiten und das nach Jahrzehnten in Deutschland. Untergräbt die Freiheit der Frau nicht deren Autorität?
Es herrscht bei vielen Flüchtlingsmännern die Ansicht, dass sie zwar vor dem Krieg fliehen konnten, um hier in Deutschland Freiheit und Sicherheit zu genießen, doch ihr Weltbild und ihre Weltansicht soll nicht verändert werden!

Das klingt alles andere als eine faire Abmachung zwischen Mann und Frau. Die muslimischen Männer können sich nicht auf die Fahnen schreiben:
„Freiheit für uns Männer - aber Zuchtzwang für unsere Frauen!"

Logischerweise kommen Menschen, die in Freiheit leben, auf Ideen, von denen sie vorher nicht zu träumen gewagt hätten. Dazu gehört übrigens auch die Erwägung einer Scheidung. Die konservativen, muslimischen Männer wollten zwar vor dem Krieg fliehen, aber nicht zu dem Preis, dass ihre Frauen verwestlicht werden.

Die Emanzipation der Frau macht diesen Männern Angst. Unterschwellig unterstellen sie den freien modernen Frauen, dass sie Huren geworden wären.
Was aber selbstverständlich nicht stimmt. Diese Frauen machen nur von etwas Gebrauch, dass in jeder freien Gesellschaft existiert.
Und zwar ist das die freie Willensausübung!

Manche muslimische Männer benehmen sich so, als ob sie eine von Natur gegebene Verantwortung zu tragen hätten, die besagt, was das Beste für die Frau sei. Es fehlt nur noch, dass sie sich auf die Brust klopfen und brüllen:
„Ich hab Feuer gemacht!"
Nicht, dass wir uns falsch verstehen. Dies gilt für viele Männer auf dieser Welt. Es hat nicht nur mit dem Islam zu tun. Vielleicht kann ein Mann im Islam seine natürlichen Instinkte mehr ausleben. Dennoch tragen alle Männer diesen Instinkt in sich. Die Frage scheint nur zu sein, wie die Erziehung war und inwieweit der Mann sich im Zaum halten kann.
So eine große gesellschaftliche Veränderung wie in den letzten einhundert Jahren hat es zwischen Mann und Frau, soweit ich weiß, noch nie gegeben. Da tun sich selbst so einige deutsche Männer heute noch sehr schwer mit diesem Zustand!

Außerdem mussten die deutschen Frauen für ihre Rechte eine sehr lange Zeit kämpfen, bis sie soweit kamen. Zur Erinnerung: noch bis in die 60ger Jahren durfte die deutsche Frau ohne Zustimmung ihres Ehemannes weder den Führerschein machen, noch Autofahren, noch ein Bankkonto eröffnen, geschweige denn eine Arbeit aufnehmen.

Dieser Kampf ist noch lange nicht beendet.

Fragen Sie Alice Schwarzer! Sie kämpfen heute noch für gleiche Entlohnung. Geschenkt wurde ihnen nichts. Noch nicht mal von ihren Männern oder Söhnen, denen sie das Leben geschenkt hatten.

Das ist bitter, dennoch wahr.

Von diesen erkämpften Rechten können die muslimischen Frauen ebenso profitieren. Ist der muslimische Mann bereit, die Frau gewähren zu lassen? Was hält er von Abtreibung? Er hat sein Land und sein System hinter sich gelassen. Doch kann er ebenso seine Weltanschauung hinter sich lassen? Vereinzelt wird dies klappen.

Dennoch befürchte ich, dass sich die Mehrheit in der westlichen Welt schwer tun wird. Die Frau sollte immer noch so funktionieren wie in den Heimatländern. Das ist ja auch in Ordnung, solange die Frau aus freiem Willen mitmacht. Weiterhin ist es sehr fraglich, wie die traditionellen muslimischen Frauen die modernen muslimischen Alt-Ausländerinnen betrachten. Wollen sie so werden wie sie oder lehnen sie diese Lebensweise ab?

Keiner kann dazu mit Sicherheit eine Prognose abgeben. Die Schwierigkeit besteht jedoch vor allem in der deutschen Gesellschaft. Sie findet sich mit der muslimischen Frauen- und Männerwelt nur sehr schwer ab.

Es kommt somit nicht von ungefähr, dass einige sagen, dass der Islam nicht zu Deutschland gehöre. Die islamischen Wertvorstellungen entsprächen nicht denen des Abendlandes und seien bis dato noch nicht durch eine Epoche der Aufklärung gelaufen.

So einiges davon ist nicht von der Hand zu weisen.

Deutschland kann nicht nur durch neue Gesetze reagieren, um diese Dinge zu korrigieren. Denn Gesetze verändern nicht die Ansichten in den Köpfen! Es kann nur versucht werden, sie einzudämmen. Auslöschen können Gesetze dies nicht. Falls das machbar gewesen wäre, hätte Deutschland den Rechtsradikalismus zum eigenen Wohle längst per Gesetz ausgelöscht.

Diese Schwierigkeiten sehe ich indes nicht nur zwischen Mann und Frau, sondern auch in der Erziehung ihrer Kinder.
Ich stelle Ihnen jetzt mal ein paar Fragen und bitte Sie, sich ihren ersten Gedanken zu merken:
Welche Stellung bezieht der Staat zu einem muslimischen Vater, wenn er seine Kinder nicht in den Kindergarten oder Schule schicken möchte, weil dort auch jüdische Kinder sind? Welche Einstellung hat er zum Judentum? Wie reagiert der Staat, wenn der Vater die Teilnahme an bestimmten Schulfächern wie Sport und Schwimmen seinem Kind verbietet?
Welche Position bezieht die Schule, wenn Lehrer und Schulddirektor mitbekommen, dass das Gegenteil vom abendländischen Wertesystem in den Familien gelehrt wird wie zum Beispiel das Verhältnis zwischen Mann und Frau? Was macht Deutschland bei Kinderehen? Manche lassen sich extra vor der Flucht noch verheiraten, damit ihre Bleiberechtchancen steigern!
Wie reagiert der Staat bei Zwangsehen?
Wie will der Staat verhindern, dass Flüchtlinge in die Kriminalität abrutschen und welche Strafen wären angemessen?
Wie können Flüchtlinge ihre im Ausland erworbene Berufsklassifikation in Deutschland anerkennen lassen?

Bereits vor der Flüchtlingskrise hatte Deutschland dafür nicht wirklich eine Lösung gefunden!

Vielleicht haben Sie aufgrund Ihrer Erziehung den spontanen Einfall, dass sich der Staat mit all seinen Mitteln zur Wehr setzen muss. Dies bedeutet aber letzten Endes, dass alles in Gerichtsprozessen enden wird. Dabei heißt es nicht, dass diese Urteile auch umgesetzt werden können. Die deutschen Mühlen der Justiz mahlen sowieso sehr langsam und letztlich verursachen Prozesse immer Kosten für den Staat.
Da sehe ich ein großes Problem, denn die deutsche Gesetzgebung und Verfassung sind nicht mit allen Aspekten der Scharia oder dem Islam konform. Warum auch?

Es ist aber auch klar, dass die Immigranten die Werte und Gesetze des neuen Landes adaptieren müssen und nicht umgekehrt!

Integrationspolitik geht an Alt-Ausländern vorbei

Eigentlich könnte man davon ausgehen, dass sich insbesondere Alt-Ausländer stärker in die Integrationsarbeit einbringen. Hauptsächlich, weil sie die Schwierigkeiten aus eigenen Erfahrungen her kennen und eine nützliche Hilfe wären.

Dennoch hat man den Eindruck, dass Alt-Ausländer nicht sonderlich engagiert sind. Sie waren lange genug ausgegrenzt und fühlten sich nicht 100 Prozent zugehörig. Viele Alt-Ausländer denken, dass sich Deutschland diese Suppe selber eingebrockt hat. Sie verlangen, dass Deutschland dieselbe Härte walten lassen sollte, die sie selbst erleben mussten. Vielleicht ist das nicht die feine englische Art, aber gefühlt wäre es nur gerecht, meinen sie. Sie bezeichnen die Flüchtlinge aus den Westbalkanstaaten und Nordafrika als Eventflüchtlinge und empfinden sie als dreiste Profiteure der ganzen Flüchtlingskrise.

Diesbezüglich sind die Alt-Ausländer den deutschen Bürgern einen kleinen Schritt voraus. Sie kennen viele Fälle aus ihrem Umfeld, in denen sich Landsleute an der Grenze zur Illegalität Papiere für Deutschland verschafft haben.
Die Eventflüchtlinge nützen nur die Gunst der Stunde.

Generell finden viele gebildete Alt-Ausländer den Begriff „Flüchtling" als nicht zutreffend! Der erfahrene Alt-Ausländer, welcher der deutschen Sprache mächtig ist, weiß, dass die Endung *–ling* etwas Verniedlichendes oder eine Sache auf ironische Art beschreibt.

Als Beispiele dienen hierfür Wörter wie:
Ankömmling Däumling, Findling, Feigling, Günstling, Häuptling, , Häftling, Fäustling, Fiesling, Frischling, Liebling, Lehrling, Lüstling, Mischling, Säugling, Schwächling, Schönling, Schützling, Winzling oder Zwilling.

Menschen, die auf der Flucht sind, Angst um ihr Leben haben und eben jenes auf ihrer Flucht nach Europa riskieren, sind alles andere als niedlich!
Insbesondere ist es nicht angebracht, ihre schlimme Lage ironisch zu beschreiben. Dank der deutschen Sprache wird unterschwellig eine Sympathie erweckt, die nicht alle deutschen Bürger und Alt-Ausländer ganz teilen. Aber es sind sich alle einig darin, dass Menschen, die vor Kriegen flüchten müssen, geholfen werden muss.

Aber warum wird in den Medien nicht zumindest der Begriff „Kriegsflüchtlinge" bzw. „geflüchteten Personen" benutzt?
Bei dem Wort „Flüchtling" werden alle in einen Topf geschmissen und es wird suggeriert, dass alle vor Kriegen fliehen würden. Diese Differenzierung würde die Problematik scheinbar nur weiter einheizen. Deshalb verwenden Politiker und Medien immer wieder diese Bezeichnung. Somit werden alle Menschen, die nach 2015 nach Deutschland kamen unter diesem Begriff subsumiert. Doch das trifft nicht auf alle Menschen zu, die sich auf den Weg nach Deutschland und Europa machen!

Ich kann versuchen, eine Erklärung zu geben. Wenn die Bezeichnung „Kriegsflüchtling" öfters verwendet wird, würden viele kritische Stimmen laut werden, die zu Recht behaupten würden, dass in manchen dieser Herkunftsländer gar kein Krieg herrscht.
Die deutsche Bevölkerung darf nicht unterschätzt werden. Sie ist durchaus imstande zu differenzieren und würde mit einer großen Mehrheit den Kriegsflüchtlingen helfen.

Für Menschen, die aus verschiedensten Gründen ihre Heimat verließen, wurden schon zahlreiche Bezeichnungen verwendet. Man nannte sie Umsiedler, Aussiedler oder Heimatvertriebene.
Was würden Sie einem heutigen Flüchtling antworten, falls er Ihnen sagen sollte, dass er kein Flüchtling sei und er lieber als Auswanderer bezeichnet werden möchte? Auswanderer, weil er zwangsweise auswandern musste und nun in Deutschland leben will.

Die meisten von Ihnen würden sich mit dieser Bezeichnung nicht wirklich anfreunden können und hätten wahrscheinlich Bedenken.
Bei den Umsiedlern, Aussiedlern und Heimatvertriebenen war es dem deutschen Staat und Bürgern recht schnell klar, dass sie kamen, um zu bleiben.
Doch beim aktuellen Flüchtling wird seitens der Politik suggeriert, dass sie wieder zurückgehen würden, sobald die Heimatländer befriedet seien. Ich kann nur hoffen, dass die deutsche Politik dies selbst glaubt!

Es wäre meinem Erachten nach ehrlicher, wenn der deutschen Bevölkerung reiner Wein eingeschenkt werden würde. Alle wissen, dass, je länger Auseinandersetzungen und Kriege andauern, die Wahrscheinlichkeit einer Rückführung proportional sinkt. Dies ist auch nachvollziehbar. Die deutsche Politik sollte so viel Rückgrat haben, diese Tatsachen offen zu kommunizieren, ohne Angst vor den Konsequenzen zu haben. Die Bevölkerung würde diese Ehrlichkeit sogar begrüßen.

Doch die deutsche Politik fürchtet sich vor den darauffolgenden Fragen der Bevölkerung. Da beißt sich die Katze in den Allerwertesten. Die Bürger möchten selbstverständlich wissen, was ihr Staat denn so macht, damit in den Heimatländern der Kriegsflüchtlinge endlich wieder Frieden herrscht.
Jenes Deutschland á la Klaus Kinkel, dem Ex-Außenminister, der andauernd nur kritische Dialoge führte, reicht dem Bürger heute vorne und hinten nicht mehr aus!

Des Weiteren möchten die Bürger wissen, was ihr Staat gedenkt zu tun und welche Maßnahmen ergriffen werden, damit weniger Event- und Wirtschaftsfliehende aus Asien und Afrika nach Deutschland kommen. Das Entwicklungsministerium ist ein zahnloser Tiger. Nur mit Schulen bauen und Brunnen graben kann man all diesen Problemen nicht Herr werden.
Vor allem: Was hat es bisher gebracht?
Diese Arbeit wird schon seit Jahrzehnten praktiziert!

Mit dem heutigen Ergebnis, dass Millionen Menschen immer noch ihre Heimatländer verlassen wollen oder müssen.

Ein anderes „lustiges" Beispiel:

Nun hatten die deutsche Politik und die Europäische Union doch tatsächlich beschlossen, der Korruption in Afghanistan den Kampf anzusagen. Deutschland wird circa 1,3 Milliarden Euro bereitstellen, damit die afghanische Regierung dieses Problem angeht. Dass jedoch seit 2002 circa 500 Milliarden Euro in etlichen Projekten versickert sind, findet hierbei kaum große Erwähnung!

Ich würde Sie jetzt gerne was fragen: Erkennen Sie die Ironie hierbei?

Deutschland möchte über 1 Milliarde Euro dem afghanischen Staat zur Verfügung stellen, damit der Korruption endlich der Gar ausgemacht wird.

Was denken Sie?

Kann das überhaupt funktionieren? Kann man mit Geld das Versickern von Geldern stoppen? Oder wird versucht, Feuer mit Benzin zu löschen?

So oder so: Ein korruptes System wird weiter mit Geld angefeuert.

Die deutsche Bevölkerung fragt sich mit Recht, ob diese Maßnahmen ihres Staates zielführend sind und ob hierbei ein funktionierender Plan dahintersteckt.

Was ist, wenn die Demokratie nur die zweitbeste Regierungsform wäre?

Mein Politiklehrer sagte einmal, dass die Demokratie nur die zweitbeste Regierungsform der Welt sei. Die Beste hätte man halt noch nicht erfunden.
Da wir alle Menschen sind, sind wir nicht perfekt. Folglich kann es weder eine perfekte Staatsform noch eine perfekte Gesellschaft geben. Sonst würde man es ja auch „Utopiekratie" nennen.

Es liegt in unserer menschlichen Natur und in unseren Genen! Wir sind darauf programmiert, andauernd Fehler zu begehen. Doch Fehler sind der Treibstoff des Menschen. Wir machen Fehler, um dazuzulernen. Jeder Fortschritt der Menschheit basiert im weitesten Sinne auf Fehlern. Für Fehler, bei denen Menschen sogar ihr Leben lassen mussten! Nicht alle taten es nur für Ruhm, Ehre und des Geldes wegen, sondern einige auch für Verbesserungen und zum Wohle der Menschheit.

Bei der Demokratie ist das so eine Sache. Sie ist, wie gesagt, die vermutlich beste Regierungsform, die wir kennen. Aber was ist, wenn die beste Regierungsform demnächst erfunden wird? Würden wir bzw. Deutschland diese einfach einführen? Ich vermute mal: Nein.

Naja, bis man mehrheitlich zu der Überzeugung käme, dass es eine bessere Regierungsform gäbe, müsste so einiges Wasser den Rhein runterfließen. Meine Erfahrung hat mich gelehrt, dass kein Staat so nebenbei Macht und Kompetenzen abgeben würde.

Unsere 16 Bundesländer machen es vor!

Die verantwortlichen Politiker müssten wohl den Ast absägen, auf dem sie säßen. Somit bliebe den Bevölkerungen meistens nur noch eine Lösung; und zwar Gewalt. Konsequenterweise werden die Sicherheitsbehörden des Staates, sagen wir mal auch jene der Demokratien, dagegen vorgehen. Es wird ihnen gesagt, dass sie die demokratische Grundordnung einhalten müssten. Die gewählten Politiker könne man ja bei den nächsten Wahlen eine Lektion erteilen und diese einfach nicht mehr wählen. Aber wie oft hat das jemals geklappt?

Ich rede jetzt mal nur über Deutschland.

Die heimische Bevölkerung kann sich schon an der Nase herumgeführt fühlen. Die hiesige repräsentative Demokratie gibt dazu die Steilvorlage. Zu Recht fragen sich die Bürger, ob sie mit ihren Ansichten überhaupt repräsentiert werden. Die Politiker gehen vor den Wahlen auf Stimmenfang und werben damit, dass sie angeblich die Missstände verstanden und passende Lösungen gefunden hätten.

Nach der Wahl geht dann das ganze Gezerre zwischen den Regierungsparteien los. Wenn es gelingen sollte, etwas zu lösen, dann waren alle beteiligt. Man hat gar nicht so viele Schultern für all die Schulterklopfer, die auftauchen. Bevor ich nicht weiß, wem ich auf die Schulter klopfen sollte, klopf ich mir erstmal selber auf die Schulter.

Sie kennen doch Sätze wie: „Wir haben den Wählerwillen verstanden!" Oder: „Wir haben den Wählerauftrag verstanden!"

Ehrlich gesagt habe ich den Eindruck, dass nichts verstanden worden ist.

Ich weiß nicht, wie es bei Ihnen war. Bei mir gab es im Wahllokal einen Stimmzettel, worauf stand, welche Partei und welchen Abgeordneten jeder wählen kann. Okay, es gibt mittlerweile auch digitale Wahlstellen.

Da gibt es nur ein Problem. Egal ob analog oder digital:

Es gibt kein Feld für eine Koalitionswahl! Der Wähler darf nicht bestimmen, wer mit wem koalieren soll. Es würde auch reichen, wenn der Wähler bestimmte Koalitionen ausschließen könnte. Im Vorfeld werden verbal seitens der Parteien gewisse Koalitionspartner ausgeschlossen. Für alles andere wäre man offen.

In den Wahljahren übertreffen sich dann die Parteien mit Vorschlägen, die bei einem Wahlerfolg vermeintlich umgesetzt werden sollen. Im Falle eines Sieges können dann die Wähler aber erstmal lange warten. Falls die Vorschläge tatsächlich umgesetzt werden, ist es meistens eine „Light-Version", weil der Koalitionspartner mit ins Boot genommen werden muss. Das verkaufen die regierenden Parteien uns als einen Erfolg.

Am liebsten würde man selbst seine eigene Wahlstimme für ungültig erklären und neu abstimmen, denn „das war nicht unser Deal!" Politiker werden an ihren Taten gemessen und nicht an ihren Worten.

Über kurz lang oder lang sollte sich Deutschland dem Konzept des „Bedingungslosen Grundeinkommens" widmen, falls das soziale Gefüge im Land nicht zerbrechen soll. Dennoch befürchte ich, dass kein politischer Wille zum Handeln vorherrscht. Man wird die untere Schicht sich selbst überlassen und hoffen, dass die es unter sich ausmachen. Somit behält man weiterhin saubere Hände.

So weit, so gut.

Es läuft immer nach ähnlichen Mustern ab. Partei A erhält nicht die absolute Mehrheit. Partei B ist die zweitstärkste Partei. Der Rest des Alphabetes Parteien (C, D, E, F…) teilen sich die restlichen Prozente. Soweit man die Fünf-Prozent-Hürde überwunden hat. Ab diesem Zeitpunkt gehen, wie die Damen und Herren es zu sagen pflegen, die Koalitionsverhandlungen los.
Koalitionen sind keine Liebesbeziehungen. Sie sind immer Zweckbündnisse. Plötzlich wird das Gesagte und Versprochene zweitrangig, denn „…die Demokratie ist gerecht und charakterfest!"

Das Gescharre um Ministerposten innerhalb der Partei und Gescharre zwischen den koalierenden Parteien kann beginnen. Ist dies geschehen, will man endlich zur Tat schreiten.

Im Grundgesetz steht, dass ein gewählter Abgeordneter im Bundestag sich einer Fraktion anschließen könne, um im Interesse der Sache die Dinge voranzubringen. Egal, ob er der Partei A, B oder C angehört. Da steht nichts von drin, dass sie wie die Made im Speck in ihren Parteiblöcken im Bundestag sitzen sollen und nur der eigenen Partei Beifall klatschen dürfen.
Einzig ihr Gewissen soll ausschlaggebend sein.

Eigentlich.

Doch dies geschieht in den seltensten Fällen. Das Einzige, was in letzter Zeit fraktionsübergreifend einstimmig beschlossen und verabschiedet wurde, waren die eigenen Bezüge (Diäten), die automatisch angehoben werden. Schön, wenn man beweist, dass man sich wenigstens in einer Sache einig sein kann, oder?

Wissen Sie, ich bin kein Politiker und geschweige denn ein Fachmann für Politik, aber wäre es denn nicht hinterher ehrlicher, die Menschen zu fragen, welche Koalitionen für sie wünschenswert wären? Dass man wenigstens darüber abstimmen könnte, mit wem meine gewählte Partei ins Bett soll?

Gucken Sie mal: Selbst ein Zuhälter kann bestimmen, mit wem seine angestellte Prostituierte „koalieren" darf. Ich weiß, dass der Vergleich nicht ganz aufgeht, aber das muss er auch nicht.

Hauptsache, Sie verstehen meinen Wählerwillen.

Einmal Ausländer, immer Ausländer

Wir lassen die Ausländer spüren, dass sie Ausländer sind, nicht wahr?
Anhand der Mehrheit der Ausländer, die in Deutschland leben, wird die verfehlte Integrationspolitik sehr deutlich. Die Türken leben in Deutschland zum Teil in dritter oder vierter Generation. Selbstverständlich sprechen die hier geborenen Türken die deutsche Sprache.
Aber reicht das alleine aus?

Vier von fünf Türken bezweifeln, dass in Deutschland glaubwürdige Integrationspolitik betrieben wird. Von Anfang an waren sie Türken und sind es auch bis zum heutigen Tage geblieben. Der Pass war oder ist ein türkischer Pass, obwohl sie hier geboren wurden. Es war klar, dass die zweite Generation an Türken mehrheitlich Kinder von Gastarbeitereltern sind und nicht von Türken, die nach Deutschland zum Studieren kamen. Vielleicht würden die Kinder wieder zurück in ihre türkische Heimat zurückkehren. Doch das war viel zu blauäugig gedacht.
Warum sollten die Kinder aus der zweiten, dritten oder vierten Generation zurückgehen wollen, wenn doch ihre Großeltern und Eltern in Deutschland bleiben werden?

Mittlerweile wird dem in Deutschland geborenen Ausländer erlaubt, mit Erreichen der Volljährigkeit die deutsche Staatsangehörigkeit anzunehmen. Da sehen Sie wieder einmal, dass Politiker und Bürokraten am Werk waren und es weiterhin sind.
Ein deutscher Staatsbürger erhält dagegen mit Erreichen des sechzehnten Lebensjahres seinen Personalausweis.

Mit der Volljährigkeit ist aber die Persönlichkeitsbildung schon sehr weit vorangeschritten und zum Teil ist die mit viel Negativität belastet. Ein heranwachsender Mensch vergleicht sich immer wieder mit anderen Menschen, besonders mit Gleichaltrigen und Gleichgeschlechtigen. Da werden Fundamente gegossen, auf denen im späteren Leben aufgebaut wird.

Es ist aber eine ganz andere Sache, wenn man zum Beispiel die eigenen Wohnmöglichkeiten vergleicht und feststellt, dass der Klassenkamerad ein Haus in einer guten Gegend hat. Man selbst muss sich jedoch mit Geschwistern ein Zimmer in einer kleinen Wohnung teilen. Somit werden natürlich unbewusst die familiären und finanziellen Möglichkeiten verglichen. Wieso haben die Mitschüler teure Klamotten und man selbst läuft mit „No-Name-Produkten" durch die Gegend?

Das alles ist ganz normal, denn Menschen müssen sich vergleichen. Sie wollen wissen, wer sie sind und wo sie in einer Gesellschaft stehen. Keiner kann etwas für seine Eltern. Haus, Klamotten, Nahrung, Urlaub, Handy, etc. sind alle mit einer Sache verbunden. Sie werden es nicht glauben, aber es ist das miese, fiese, gewissenlose, keine Mutter und Vater kennende Geld.

Denn Geld erigiert die Welt!

Aber wenn ich vom Staat so gestellt werde, dass ich schon zu Beginn aufgrund anderer Papiere außen vor bin, dann fängt die Abkapselung schon hier an. Der Ausländer kommt sich als Mensch zweiter Klasse vorkommen.

Ein kleines Beispiel gefällig?

Als Ausländer braucht man selbstverständlich die richtigen deutschen Papiere, um hier leben und arbeiten zu können. Als Kind ist das vielleicht noch nicht so problematisch, denken Sie jetzt vielleicht. Aber vor allem zu einer Zeit, als es noch kein Schengen-Abkommen gab, war das für EU-Ausländer ein großes Problem.

Stellen Sie sich vor, dass Ihre Klasse eine Klassenfahrt ins Ausland plant. Ich erinnere mich noch.

Anfang der 90er Jahre, als ich in der zehnten Klasse war, hatten Lehrer und Eltern eine fünftägige Klassenfahrt in die Niederlande geplant.

Ziemlich unspektakulär finden Sie?

Ist es ja auch - falls man die richtigen Papiere besaß oder zumindest EU-Inländer war.

Probleme hatten der Türke, der Iraner, der Rumäne und der Kolumbianer. Denn so sah es bei uns aus in der Klasse. Wir fragten den Lehrer, ob man nicht einfach in Deutschland bleiben könne, da wir alle Visa beantragen müssten und noch nicht absehen konnten, ob wir überhaupt so schnell ein Visum erhalten würden. Der Lehrer verneinte und verwies darauf, dass es beim Elternabend so beschlossen wurde. Wenn wir kein Visum hätten, würde man ohne uns fahren.

Um es kurz zu machen:

Wir Ausländer fuhren auf eigene Faust zum Generalkonsulat der Benelux-Staaten nach Düsseldorf und beantragten für eine Woche Visum für die Niederlande.

Ich brauche Ihnen nicht zu erzählen, dass Bahn- und Visagebühren uns sehr teuer zu stehen kamen!

Der Deutsche hatte von Visagebühren keine Ahnung. Es sei denn, man wollte damals eine exotische Fernreise machen. Nein, die Deutschen müssen von Visa-Gebühren keine Ahnung haben.
Warum auch?

Letztendlich kosteten uns Visagebühren und Anfahrtskosten von Köln nach Düsseldorf mehr als die ganze Klassenfahrt an sich. Die Gesetze waren halt so und alle verhielten sich dementsprechend gesetzeskonform. Dennoch hätten wir Ausländer uns wenigstens gewünscht, dass Eltern und Lehrer irgendwie Rücksicht darauf genommen hätten. Wir verlangten ja keinen Zuschuss vom Staat, der Stadt, dem Bund, dem Bundesland, der Schule oder den Eltern.
Aber wenigstens das Gefühl, dass man uns wirklich dabei haben wollte.

Sie müssen sich vorstellen:
So etwas passierte auf einem Gymnasium mit niedriger Ausländerquote. Vielleicht wäre es auf einer Realschule oder Hauptschule, die ja für gewöhnlich einen höheren Ausländeranteil hat, nicht passiert.
Trotz allem war meine Schulzeit eine tolle Zeit. Meine Mitschüler waren großartige Menschen und mit gewissem Abstand erinnere ich mich mehr an die schönen Momente, die man miteinander erlebte.

Die Extreme definieren die Mitte

Die Alt-Ausländer fühlen sich durch Deutschland verraten. Sie denken, dass sich der deutsche Staat eher um seine „Altlasten", sprich den nicht integrierten Alt-Ausländern kümmern sollte, bevor es sich den Flüchtlingen und Neuankömmlingen widmet. Alleine aus egoistischen Gründen und mit dem Hinweis, dass man schon seit einer verdammt langen Zeit hier leben würde. Oder anders ausgedrückt: „Wir stehen schon seit einer sehr, sehr langen Zeit in der Warteschlange der Integration und Akzeptanz."

Die Alt-Ausländer sind zwar nicht mit dem deutschen Volk liiert, dennoch zumindest mit der deutschen Wirtschaft. Die Liaison zwischen der Mithilfe beim Wiederaufbau durch Gastarbeiter und der politischen Stabilität in Deutschland war bis dato eine gut funktionierende Zweckehe.
Trotz Problemen war es überwiegend eine „Win-Win-Situation" für beide Seiten. Allerdings scheint diese mehr und mehr zu bröckeln. Die Alt-Ausländer sehen sich mittlerweile mehr in einer Symbiose mit den deutschen Bürgern lebend und dazugehörig als nur geduldet und toleriert zu sein.
Doch subjektiv betrachtet werden sie von den Deutschen in einen einzigen Topf gesteckt und unter Generalverdacht gestellt, besonders wenn es um das Thema Religion geht. Oder zumindest, wenn man dem muslimischen Glauben angehört.

Aber den Glauben sieht man ja einem nicht immer an der Nase an. Wobei: Auch unter Muslimen herrschen verschiedene Ansichten!

Menschen, die Muslime sind und in Deutschland leben, sind sich unter einander nicht immer grün. Dabei spielt es eine wichtige Rolle, ob sie Sunniten, Schiiten, Alewiten oder Jesiden sind. Viele konnten sich schon in den Herkunftsländern gegenseitig nicht riechen. Entweder waren ihre Herkunftsländer miteinander im Clinch oder die unterschiedlichen Glaubensrichtungen standen im Gegensatz zueinander. So ist bei den Moslems ähnlich wie bei den Christen. Bei beiden gibt es diverse Strömungen mit verschiedenen Auffassungen: von römisch-katholisch, orthodox über evangelisch, lutherisch, anglikanisch und apostolisch bis hin zu noch einigen anderen Kirchen. Diese Glaubensströmungen haben vielleicht denselben Stamm. Dennoch heißt es nicht, dass es keine Meinungs-verschiedenheiten gibt. Das fängt unter anderem schon bei den Ehe- und Glaubensbekenntnissen an.

Was macht die deutsche Politik so sicher, dass nach der Flucht in ein neues Land diese Dinge anders laufen werden als vorher? Viele Geflüchtete wollen gar nicht zurück, weil sie aufgrund ihres Religionszweiges Repressalien oder noch schlimmer, um ihr Leben fürchten müssen.
So ergeht es zum Beispiel syrischen Flüchtlingen, die mehrheitlich Sunniten sind. Sie haben Angst, dass der syrische Präsident Assad, welcher selbst Alawit ist, ihnen und ihren Familien nach dem Leben trachtet. Sogar wenn der Krieg in Syrien eines Tages beendet ist, hat sich die Tektonik der Religionsplatten dramatisch verändert. So stellen die Sunniten zwar die Mehrheit in Syrien dar, doch würden sie nach dem Krieg wie eine Minderheit mit weniger Rechten behandelt werden - genauso wie vor Kriegsbeginn, falls die Machthabenden die Gleichen wie zuvor bleiben würden. Dies war schon vor dem Syrienkonflikt ein großes Thema.

Andersgläubige Ausländer fühlen sich in Deutschland eher nicht betroffen, weil sich das Augenmerk zurzeit ja hauptsächlich auf Muslime richtet. Dieser Anschein trügt zwar, ist jedoch subjektiv sehr effektiv. Zurzeit sieht man am Beispiel der türkischen Mitbürger, wie sich eine verfehlte Integrationspolitik auswirkt. Durch die sich veränderte Weltpolitik kehrt mehr und mehr eine schleichende Unruhe in die deutsche Gesellschaft ein.

Durch die angespannte politische Situation in der Türkei wird ein Keil zwischen den bis dato hier in Deutschland friedlich lebenden Türken getrieben. Dieser Keil spaltet die Türken in Regierungsbefürworter und Regierungsgegner. Irgendwo ist dies auch logisch nachvollziehbar.

Aber was hat dieses Problem auf deutschen Straßen und Hallen zu suchen? Mit großem Respekt sage ich:
Das geht Deutschland nichts an!

Aber die deutschen Straßen gehen die deutsche Gesellschaft zwangsweise doch etwas an. Die bereits überlasteten Polizeibeamten müssen mit Steuergeldern der Allgemeinheit zusätzlich entlohnt werden.

Deutschland könnte ebenso die Kosten dafür den türkischen Parteien in Rechnung stellen, die ihren Wahlkampf in Deutschland abhalten wollen.

Sehr viele Alt-Ausländer und deutsche Bürger fragen zu Recht, was Wahlkampf aus dem Ausland in der deutschen Innenpolitik zu suchen hat. Frau Merkel hält ja auch keine Wahlkampfveranstaltungen in der Türkei.

Vielleicht sollte sie das tun, dann könnte man ja sehen, wie demokratisch die Türkei wirklich ist.

Die aktuelle deutsche Regierung hat sich mit dem Flüchtlingsabkommen mit der Türkei erpressbar gemacht. Man kann sich im Wahljahr 2017 keine neue Diskussion über eine erneute Flüchtlingskrise für die eigene Wiederwahl erlauben. Indirekt würde es den rechten und populistischen Parteien weiteren Zulauf ermöglichen und die EU-Länder weiter innen- und außenpolitisch unter Druck setzen.

So gesehen hat sich Deutschland wieder mal die Suppe selbst eingebrockt und sich dadurch selber degradiert. Manche haben mittlerweile den Eindruck, als ob Deutschland eine Provinz der Türkei geworden ist. Die Anfeindungen aus der Türkei sind immer heftiger geworden. Den amtierenden Politikern bleibt im Moment nichts anderes übrig, als sich öffentlich zu empören.
Sie wissen, dass sie am kürzeren Hebel sitzen.

Ebenso geht es den gut integrierten Türken in Deutschland. Ihnen geht es nicht gut in der momentanen Situation. Viele haben Angst, sich öffentlich zu äußern und Kritik an der türkischen Regierung zu üben, weil sie Repressalien für sich und ihren Familien befürchten. So bringt Deutschland mit seiner aktuellen Politik gleichsam die türkischen Mitbürger in Bedrängnis.
Sollte oder muss sich Deutschland trotzdem alles gefallen lassen?

Wenn die Stimmung im Land schlecht ist, geht es dem deutschen Staat erst recht etwas an. Die negative Stimmung war im Nachhinein immer eines der Vorboten zu etwas viel Schlimmeren. Deutschland täte gut daran, dies alles nicht zu unterschätzen und es nicht - wie eine Schwangerschaft - als bloße temporäre Erscheinung zu betrachten.
Man darf ebenso keinesfalls dem Trugschluss erlegen sein und denken, dass es sich hierbei nur um eine Minderheitenstimmung handelt und diese verkennen.

Wenn Integration eine demokratische Partei wäre, dann könnte die Partei VI (=„Verfehlte Integration") locker in den Bundestag einziehen.
Stand heute.

Diese Hypothese ist gar nicht so weit hergeholt, wie es zuerst scheinen mag. Denn wenn wirklich alle Aspekte und Mosaikstückchen einer gelungenen Integration als Grundlage für die These dienen würden, bliebe kaum eine andere Schlussfolgerung übrig.
Wenn man eine gelungene Integration in all seine Einzelteile und Fassetten wie kulturelle Integration, soziale Integration, gesellschaftliche Integration, usw. zerlegen würde, müsste man objektiv feststellen, dass die Mehrheit der Ausländer nicht allen Aspekten gerecht werden würde.

Damit wir uns nicht falsch verstehen: Die deutschen Auswanderer, die weltweit einen Neuanfang starten wollen, sind auch keine Musterschüler einer gelungenen Integration! Sie bilden zum Beispiel in Spanien, auf Mallorca und Thailand kleine deutsche Enklaven und bleiben mehr oder weniger unter sich. Somit haben die Deutschen kaum Ambitionen zum Spracherwerb, denn es gibt ja deutsche Ärzte, deutsche Bäckereien, deutsche Supermärkte, deutsche Metzgereien, deutsches Bier, deutsches Fernsehen, die Bild-Zeitung, Oktoberfeste und sonst noch so einiges mehr, was das deutsche Herz begehrt. Daher können auch weit weg von der Heimat deutsche Traditionen hochgehalten werden.
Ist das eine gelungene Integration?
Der große Unterschied ist vielleicht, dass Spanien und Thailand gar keine Ambitionen haben, die Deutschen zu integrieren. Vielmehr lässt man sie gewähren, weil sie Kapital ins Land bringen und den Einheimischen Arbeit geben. So gibt es in Thailand gesetzliche Auflagen, dass zum Beispiel immer Einheimische bei einer Geschäftsgründung beteiligt sein müssen.

Kein Deutscher würde im Ausland leben wollen, wenn er wüsste, dass er dort weniger Rechte, weniger Geld, weniger Anerkennung und weniger Freiheiten hätte. Es sei denn, er müsste in seiner Heimat Deutschland um sein Leben und das seiner Familie fürchten. Der Deutsche geht ins Ausland, weil er möchte und nicht, weil er muss!
Erst im Ausland wird bemerkt, wie deutsch man doch eigentlich ist. Besonders, wenn man Unterlagen und Dokumente braucht, mit Behörden und Ämtern im Austausch ist und feststellen muss, dass nichts funktioniert und keine Termine eingehalten werden.

Dabei wählen die meisten deutschen Auswanderer eine Destination, die ihnen gewisse Freiheiten bietet. Kaum ein Deutscher würde einen Neuanfang in Saudi-Arabien suchen. Und wenn, tun das nur einige wegen dem vielen Geld - bis sie feststellen müssen, dass Geld nicht alles ist.

In den USA gibt es noch kleine deutsche Gemeinden, welche die deutsche Sprache derartig konserviert haben, dass sie immer noch so reden wie vor 200 Jahren. Sie singen in der Schule Lieder, die hier als Volkslieder seit 100 Jahren fast niemand mehr gehört hat und kennt. Sie schreiben in altdeutscher Schrift, und neuzeitliche Begriffe wie Flugzeug und Kugelschreiber werden aus altdeutschen Worten miteinander kombiniert. Ganz zu schweigen von ihren altdeutschen Feierlichkeiten und traditionellen Gepflogenheiten, die höchste Priorität haben.

Aber hier geht es um jene Ausländer, die nach Deutschland einreisen, um hier ihr Glück zu finden. Sie verhoffen sich ebenso mehr Geld, mehr Rechte, mehr Anerkennung und mehr Freiheiten. Der große Unterschied zu Auslandsdeutschen ist die Tatsache, dass sie meistens wenig Kapital mitbringen. Das einzige Kapital ist ihre Arbeitskraft. Leider sind sie für den deutschen Arbeitsmarkt mehrheitlich nicht genug qualifiziert und somit erst einmal nicht auf dem Arbeitsmarkt einsetzbar.

Dabei dürfen Sie nicht vergessen, mit welchem Selbstvertrauen der Deutsche dieses - sagen wir einmal „Abenteuer" - startet und mit welchem Selbstvertrauen ein Ausländer in Deutschland startet. Ein Deutscher kann immer auf seine friedliche und funktionierende Heimat mit all den Errungenschaften verweisen.

Wenn ihm nichts mehr einfällt, zieht er sich ein Deutschlandtrikot über, hisst die Deutschland-Fahne und fragt in die Runde, wer aktuell Weltmeister im Fußball ist und vier Sterne auf der Brust hat.

Der Ausländer in Deutschland hingegen senkt meistens sein Haupt, weil er momentan auf nichts Großartiges verweisen kann. Oft sind die Herkunftsländer nicht befriedet und von funktionierendem Staatswesen kann keine Rede sein.

Wenn Sie nun meinen, dass ich sehr stark pauschalisierend und verallgemeinernd alles dargestellt habe, stimme ich Ihnen zu. Aber wie will man des Pudels Kern treffen, wenn wir, wie es die deutsche Art ist, nur Einzelfall-Entscheidungen treffen wollen oder alles am liebsten differenziert betrachten und analysieren wollen?

Vielleicht erscheinen Ihnen manche meiner Gedanken etwas extrem, aber meine Erfahrungen haben mich zu folgendem Schluss kommen lassen:

Die Extreme definieren die Mitte!

Je extremer die Aussichten auseinander liegen, desto artenreicher werden die Meinungen in der Mitte. Der Normalbürger will keine Extrempositionen einnehmen, weder nach links noch nach rechts. Was bleibt also übrig?

Zuerst muss er zusehen, wie er mit seinen eigenen Ansichten in der Mitte der Gesellschaft auf fruchtbarem Boden fällt. Ich möchte auch die Alt-Ausländer mit ins Boot holen! Sie müssen mit gutem Beispiel vorangehen und versuchen, den Neuankömmlingen ein gutes Vorbild zu sein. Da müssen sich die „Oldies" an die eigene Nase packen.

Es ist definitiv kein tolles Vorbild für eine gelungene Integration, wenn Parallelgesellschaften geschaffen werden.

Es kann schlichtweg keine Integration in Deutschland erfolgen, wenn man sich anders als die Masse kleidet, aus der Masse hervorsticht und dies mit Gottesglauben wie Burkini und Nikab erklärt. Das kann vielleicht irgendwo auf diesem Planeten funktionieren, siehe die deutschen Gemeinden in Südamerika, die eher wie Enklaven strukturiert sind.
Aber so etwas ist in Deutschland nur schwer vorstellbar.

Ich sage ja nicht, dass alles mit purer Absicht geschah. Die Dinge entwickelten sich leider so. Okay, das in Südamerika geschah wohl doch mit Absicht, weil gleiche Ideologien die damaligen deutschen Aussiedler zum Verlassen ihrer Heimat bewegten. Doch das kann man nicht mit dem in Deutschland lebenden Ausländer, die „á la Couleur" sind, vergleichen. Es ist ebenso Fakt, dass eine Zivilgesellschaft mitten in Europa solche Abkapselungen seiner neuen Mitbürger für einen unzumutbaren Zustand hält. Vor allem die ältere deutsche Schicht tut sich schwer damit, Abkapslungen zu akzeptieren.

Aber auch Ausländer, egal ob Neu- oder Alt-Ausländer, müssen die deutsche Lage verstehen und ihre Ressentiments über Bord werfen. Denken Sie nicht, dass die Ausländer untereinander keine Vorurteile hegen!
Weißhäutige Ausländer haben die gleichen Vorurteile gegenüber Dunkelhäutigen und umgekehrt. Verschiedene Nationen führen ihre Rivalitäten in Deutschland im Geheimen latent weiter fort. Der Tunesier hegt Vorurteile gegenüber den Ägyptern, der Grieche gegenüber den Türken und der Pakistaner gegenüber den Indern. Denn: Der Tunesier denkt, dass sich der Ägypter für gebildeter hält, der Grieche hält die Türken für Barbaren und der Pakistaner die Inder für Kuhanbeter.

So ist das überall auf dieser Welt! Man muss es mit Humor nehmen und auch über sich lachen können! Doch das gelingt nicht vielen.

Einige denken, dass ihr persönlicher Grund, nach Deutschland zu kommen, höher anzusehen ist als der eines anderen.

Das sieht man zum Beispiel an Auseinandersetzungen in Flüchtlingsunterkünften. Dabei ist es egal, ob es in der Türkei, Griechenland, Frankreich oder eben in Deutschland stattfindet. Die Syrer flüchten aus ihrem Land, weil dort ein barbarischer Krieg herrscht.

Demzufolge ist es für sie unzumutbar, dass Menschen aus dem Balkan, Afghanen, Pakistani, Iraner, Tunesier und Marokkaner ihre Lage eventuell ausnutzen und mit auf diesen Zug aufsteigen, um ein neues Leben anzufangen. Falls die vermeintlichen Flüchtlinge mit ihren Anträgen scheitern sollten, dann gibt es noch unendlich viele weitere Versuche mit neuem Namen, neuer Identität und neu ausgestelltem Pass. Das wird solange gemacht, bis man die richtigen Antworten auf die gestellten Fragen geben kann. Zumindest wird man diesen Eindruck nicht los.

Für die Syrer ist ihre Lage aufgrund des Krieges gewichtiger einzustufen als für jemanden, der nicht seine Religion oder Sexualität so ausleben darf wie er möchte. Das liegt mitunter an der Erziehung und den Weltansichten der Lehrenden bzw. erziehenden Generationen.

Man ist schließlich das Produkt seiner Erziehung.

Jeder Mensch hat eine kulturelle Prägung. Daraus formt sich die eigene Identität. Nur weil man auswandert oder flüchtet, verliert man beim Betreten fremden Territoriums nicht sofort seine Identität. Man sucht sich im Laufe der Zeit einfach Sachen bewusst - und manchmal auch unbewusst - heraus und übernimmt andere Gewohnheiten. Meist aber nur die, welche zum eigenen Vorteil sind.
Der Mensch ist halt pragmatisch.

Man kann von niemandem verlangen, seine Identität abzustreifen und eine komplett andere anzunehmen. Diejenigen, die das können, werden als psychisch instabil bezeichnet. Einige wenige können dies oberflächlich für geschäftliche Zwecke kurzzeitig einsetzen, aber das ist erlernt und antrainiert und kommt nicht aus dem Herzen.
Falls man in einem neuen Land einen Neuanfang starten will oder muss, sollte man alles versuchen, um sich anzupassen. Ebenso muss man nicht alles Neue adaptieren. Es gibt einen Zwischenweg. Man kann seine eigene Identität mit der Identität des neuen Landes bereichern.

Deutschland steckt in einer Zwickmühle und weiß nicht, wie es diesen gordischen Knoten durchschlagen soll. Es ist so, als ob man die Oberstufe meistern soll, ohne jedoch zuvor die Mittelstufe besucht zu haben. Das Resultat ist eine absolute Überforderung.
Deutschland hat bezüglich Integration jede Menge Hausaufgaben nachzuholen. Nur leider gibt es so viele neue Aufgaben, die alle nicht über Nacht oder geschweige denn augenblicklich gelöst werden können. Es würde Jahrzehnte brauchen, wenn die Weichen korrekt gestellt werden würden. Diese Zeit, die benötigt wird, steht Deutschland aber nicht zur Verfügung!

Die innerdeutsche Integration

Wie sieht denn die Integration der Ostdeutschen im Westen
aus?
Vielleicht haben Sie sich auch einmal diese Frage gestellt
und sie für sich beantwortet. Falls nicht, dann tun Sie mir
den Gefallen und machen dies jetzt!

Und? Wie sieht es umgekehrt aus?
Sie fragen sich jetzt bestimmt zunächst, was diese Fragen
sollen. Diese Thematik hat doch nichts mit der Integration
von Ausländern zu tun! Spontan betrachtet haben Sie Recht!

Die Ostdeutschen der ehemaligen DDR hatten halt mehr
Vorteile als Ausländer von einem anderen Kontinent. Erstens
waren beide Länder vor der Teilung *ein* Volk, hatten die
gleiche Sprache und waren eben „nur" für einen gewissen
Zeitraum voneinander getrennt und seit ihrer beider
Bestehen Grenznachbarn. Des Weiteren hatten viele
Westdeutsche familiäre Verwandtschaft mit Ostdeutschen.
Natürlich konnte man sich das Geld für Sprachkurse
„Deutsch als Fremdsprache" für Ostdeutsche sparen. Wobei
ich mich beim sächsischen Dialekt sehr schwer tue, dies
unter „deutsche Sprache" einzuordnen. Dennoch ist es eines
der ältesten Dialekte Europas!

Das muss man respektvoll einfach so stehen lassen.

Aber das Allerwichtigste war vor allem, dass die Ostdeutschen ihre gesamte Staatsfläche der BRD als Geschenk überließen. Manch Zyniker wird vielleicht behaupten, dass man das eigene Staatsgebiet auch ohne Krieg zu führen erweitern kann. Man muss nur vorgehen wie bei einer Firmenübernahme. Der Große frisst den Kleinen. Ehrlich gesagt habe ich 1989 nur gehört, dass die DDR-Bürger auf den Straßen zuerst „Wir sind *das* Volk!" und später „Wir sind *ein* Volk!" gerufen haben. Ich kann mich nicht erinnern gehört zu haben: „Wir wollen die Wiedervereinigung!" oder „Assimiliert uns!"

Für Deutsch-Linguisten gibt es eigentlich auch die ehemalige DDR nicht. Es müsste entweder „die damalige DDR" heißen oder „ehemals Staatsgebiet der DDR". Aber solche sprachlichen Spitzfindigkeiten überlasse ich lieber Experten in einer politischen Themenrunde.

Ich bezweifele nur, dass wirtschaftliche Assimilation und sprachliche Integration allein ausreichend sind. Was ist mit der weltanschaulichen Integration? Sehen die Menschen im Osten des Landes die Welt aus demselben Blickwinkel wie die Menschen im Westen?

Wieso spricht man nach wie vor von alten und neuen Bundesländern, wenn doch Deutschland seit bald 30 Jahren wiedervereint ist! Natürlich weiß ich warum.

Dennoch wundere ich mich über diese Unterscheidung. Solch eine Trennung findet noch immer in den Köpfen der Menschen statt. Die Medien weisen fortwährend in Berichten darauf hin. Das macht es nicht viel besser.

Es lässt die Wunden nicht verheilen!

Alt gegen Neu, Ost gegen West und - früher - Kommunismus gegen Kapitalismus. Jetzt gilt es, unsere demokratische Freiheit gegen den Islamismus zu behaupten.

Damit Menschen gewillt sind, den Parteien und Politikern zu folgen, werden immer Gegenseiten aufgestellt, aus denen die Menschen wählen dürfen. Salopp gesagt wird immer wieder „Gut gegen Böse" gespielt, wobei versucht wird, den Bürgern die Trennung zwischen Gut und Böse vorzugeben. Diese Gegensätze haben sich in den Köpfen der Bürger nach und nach eingebrannt.

Einige dieser Folgen sehen wir heute noch.

Man kann den Menschen im Osten des Landes aber keinen Vorwurf machen. Sie sind geschichtlich anders geprägt. Daher kann kein reibungsloses Zusammenleben mit Ausländern erwartet werden.

Denn: Anders als im Westen gab es weit weniger Berührungspunkte mit Ausländern aus anderen Kulturen und Religionen. Es kann nicht etwas erwartet werden, was zuvor nicht dagewesen war. Das sollte Deutschland wissen!

Manchmal wird am Rande gesagt, dass man nicht verstehen kann, warum im Osten Deutschlands eine größere Ausländerfeindlichkeit herrscht, obwohl es dort in den Bundesländern relativ wenige Ausländer oder Flüchtlinge gibt.

Wie könne man etwas fürchten, dass gar nicht da sei? Meiner Meinung nach sollte man genau diese Denkweise einfach anders beleuchten und betrachten.

Man könnte ebenso sagen, dass gerade „*weil*" im Osten eine höhere Ausländerfeindlichkeit herrscht, sich kaum Ausländer hineintrauen und dort leben möchten.
War das Ei zuerst da oder die Henne? Die Ausländer wissen spätestens nach kurzer Zeit, dass sie dort nicht willkommen sind.

Deshalb ähnelt dieses Problem einem rollenden Schneeball. Dort, wo viele Ausländer leben, pappen sich immer mehr Ausländer dazu. Das ist auch einfach nachzuvollziehen. Fast jeder Neu-Ausländer kennt einen Alt-Ausländer in Deutschland. Falls dieser gefragt wird, wo es sich am besten leben lässt, wird dieser zuerst seinen Ort empfehlen und dann noch ein, zwei andere Städte in Deutschland empfehlen. Meistens wird es sich um Städte wie Berlin, Hamburg, Frankfurt, Düsseldorf oder Köln handeln.

Nur sehr, sehr wenige Alt-Ausländer werden ihren Landsleuten einen Ort nennen, an dem sie erstens selbst nicht leben wollen und zweitens kaum weitere Landsleute anzutreffen sind. Okay, es kann schon sein, dass man einen ungewöhnlichen Ort empfiehlt, an dem noch nicht mal sich Fuchs und Hase „Gute Nacht" sagen. Dies passiert dennoch selten. Es sei denn, der Alt-Ausländer mochte seinen Landsmann eh noch nie leiden. Somit schickt er diesen dahin, wo der Pfeffer wächst.

Wie schon erwähnt, geschieht dies äußerst selten. Das heißt natürlich nicht, dass es so bleiben muss. Es braucht halt viel, viel Zeit! Zeit, die Deutschland in einer immer rasanteren Welt nicht hat. Es muss aus Sicht der verunsicherten Ostbürger etwas zusammenwachsen, das auf den ersten Blick überhaupt nicht zusammen gehört.

Viele ostdeutsche Bürger wollen überhaupt nicht mit Muslimen zusammen leben. Manche tun sich schon schwer mit den Westdeutschen. Dabei hatten West wie Ost schon über 25 Jahre Zeit zur Verfügung. Bei mir entstand kurz nach der Wiedervereinigung und dem Wegfall der Sowjetunion der Eindruck, dass jetzt endlich Frieden und Wohlstand für alle entstehen könnte.
Natürlich war ich auch von den Massenmedien eingelullt worden. Man sah nur glückliche Menschen im Fernsehen, die entweder hohle Phrasen von sich gaben oder unrealistische Wünsche aussprachen.

Erinnern Sie sich zufällig an kritische Äußerungen von Politikern zum Thema Wiedervereinigung?
Nein?
Spontan fällt einem nur wenig dazu ein, weil einfach fast kein Verantwortlicher -außer vielleicht ein warnender Oskar Lafontaine - es wagte, sich kritisch oder sogar ablehnend darüber zu äußern.

Anfang der 90ger Jahre gab es eine Werbung im Fernsehen, welches für Verständnis zwischen Ost und West warb. Vielleicht erinnern Sie sich daran:
Da gab es auf der linken Seite Ameisen, die mit einer Wand getrennt von den Ameisen auf der rechten Seite gehalten wurden. Die Größe beider Ameisenpopulationen glich annähernd den Bevölkerungen der BRD und der DDR. Nun nahm man die Wand weg und die Ameisen vermischten sich rasch untereinander. Am Ende des Spots wurde die Frage gestellt, warum Ameisen das mit ihren Mikrohirnen hinkriegen und wir Menschen uns mit unseren Riesenhirnen so schwer tun.
Die Antwort schien mir sehr einfach!

Gerade *weil* der Mensch kein Mikrohirn besitzt, gibt es Schwierigkeiten! Der Mensch trägt halt geschichtliche Altlasten zwischen seinen Ohren, die er nicht einfach ausblenden kann. Die Ameise weiß nicht, was gestern war und es interessiert sie auch nicht.
Der Mensch dagegen muss die Vergangenheit und seine Geschichte kennen, damit er weiß, was er heute ist.

Die Natur der Ameise ist eine andere als die des Menschen. Deshalb folgerte ich aus dieser Werbung, dass die Auftraggeber des Spots annahmen, dass die Zuschauer ebenso Mikrohirne besaßen.

Kehren wir zurück zum heutigen Tag. Eigentlich kennen alle unter 25-Jährigen nur das wiedervereinte Deutschland. Was auch sonst! Dennoch erfahren sie aus den Erzählungen ihrer Eltern und Großeltern zahlreiche verschiedene Wahrheiten über die damalige Zeit, den Kommunismus, das zwischenmenschliche Zusammenleben, den Konsum, den Schwierigkeiten bei Reisen, etc.
So weit, so gut.

Die Deutschen müssen über ihre Vergangenheit Bescheid wissen. Jede lebende Generation sollte zumindest über die jüngste Vergangenheit Bescheid wissen. Nur so lässt es sich vermeiden, Fehler zu wiederholen. Dann lieber gleich neue Fehler begehen.
Der Leitsatz könnte lauten: Erzähle mir von deiner Geschichte und ich sag dir, wer du heute bist.

Doch das kann unter Umständen auch nach hinten losgehen.

Man braucht Intelligenz zur Einsicht, Fehler begangen zu haben. Die überzeugten Alt-Nazis erzählten nach 1945 ihren Kindern von der Zeit vor dem Zweiten Weltkrieg. Es ist eher zu vermuten, dass sie von einer heilen Welt vor dem Krieg berichteten als von einem diktatorischem Regime, welches die Welt mit Millionen Toten ins Chaos stürzte. Heutzutage spricht man von Unverbesserlichen. Aber was macht uns heute glauben, dass es bei Ex-DDR-Bürgern das anders wäre?

Wenn man Ex-DDR-Bürgern aufmerksam zuhört, kann man zwischen den Zeilen lesen, dass nicht alles schlecht war. In manchen Dingen waren sie sogar moderner und weltoffener verglichen zur BRD!

Die Deutschen müssen untereinander viel geduldiger sein. Aber Geduld braucht Zeit und Zeit bedeutet Geld. Haben wir denn ohne Ende Geld? Sogar wenn ja, können wir uns damit ohne Ende Zeit kaufen?
Kurz gesagt: Deutschland braucht vor allem Zeit und natürlich Geld, damit die Fehler der Vergangenheit korrigiert werden können.

Ich sage bewusst „korrigiert" und nicht „erneuert"!

Die Ratten der Lüfte

Wissen Sie, was mich richtig ärgert?

Es ist der Umgang, wie mit Jugendlichen heutzutage verfahren wird. Diese haben immer weniger Gelegenheiten, sich auf der Straße zu begegnen. Noch erfreulicher wäre es, wenn sie ihre Freizeit sinnvoll miteinander gestalten könnten. Dafür wären Vereine, kostenlose Sportangebote und Jugendzentren in jedem Viertel sehr hilfreich. Doch viele kennen wahrscheinlich nur die eine Seite der Medaille und zwar die: „Da sind Jugendliche mit Migrationshintergrund zusammengerottet im Park oder auf der Bank."

Wo sollen sie denn auch sonst hin? Zuhause bei ihren Eltern in der Wohnung ist ein Treffen meist schwierig, weil ihre Familien traditioneller und konservativer strukturiert sind. Sie müssen bedenken, dass viele traditionelle muslimische Mütter keine Lust haben, sich immer ein Kopftuch überzuwerfen, wenn männlicher Besuch kommt.

Die Jugendlichen werden wie die Ratten der Lüfte behandelt: die Tauben!

Keiner will sie vor der Haustür haben. Trotzdem gibt es sie. Tauben symbolisieren Freiheit und Frieden, genauso wie Jugendliche für Zukunft und Hoffnung stehen. Beides ruft positive Assoziationen hervor.

Die Jugendlichen verursachen zu viel Dreck, Lärm und Müll. Sie sollen gefälligst woanders ihr Unwesen treiben. Manche glauben, dass sich durch ein simples „Ksch! Ksch!" das Problem verscheuchen lässt. Andere würden gerne Stacheldrähte wie bei den Tauben benutzen. Doch in einer immer älter werdenden Gesellschaft sollte der Staat viel respektvoller mit seinen Jugendlichen umgehen.

Tauben verlagern ihren Lebensraum, indem sie woanders hinfliegen und sich dort neu ansiedeln. Jugendliche können zwar nicht so schnell irgendwo hinfliegen, aber sie können sich dazu entschließen, das Land ganz zu verlassen. Klar könnten so manche denken: „Gut so, sollen sie doch Deutschland verlassen! Solche Jugendlichen brauchen wir eh nicht, da die eh nichts in die Rentenkasse einzahlen...." Doch was passiert mit denen, die nicht das Land verlassen können aufgrund fehlender Papiere oder finanziellen Mitteln?
Dieser Youth Drain ist Gift für jede Gesellschaft! Vor allem in den Gesellschaften, deren demographische Entwicklung wie ein auf dem Kopf stehender Tannenbaum ausschaut!

Zurück zu unseren Tauben. Wird die Zahl der Tauben trotz vieler Verscheuchungsmaßnahmen weniger? Nein, das glaube ich nicht. Sie sind halt nur woanders hingeflogen. Das Gleiche geschieht mit den Jugendlichen. Deutschland darf sich nicht darüber wundern, dass sich die Jugend mit Migrationshintergrund zurückzieht und anscheinend nur unter sich bleiben möchte.

Die Vertreibung ist auch der Beginn zur Entstehung einer Parallelgesellschaft. Wenn Kinder und Jugendliche mit Migrationshintergrund nicht am Gesellschaftsleben teilhaben können, wird es sehr schwer, diese zurückzugewinnen.

Dies gilt selbstverständlich ebenso für deutsche Jugendliche.
Eine gescheiterte Integration erkennt man daran, dass in Ghettos und Innenstadt-Randgebieten eine lebhafte kriminelle Szene herrscht, wogegen die Polizei nicht ankommt. So entstehen illegale Machtbereiche am Rande unserer Gesellschaft. Wer weigert sich schon gegen schnell verdientes Geld?!

Wieso sollten Jugendliche sich um eine Ausbildung oder ein Studium bemühen, wenn es einen einfacheren und schnelleren Weg gibt, um an Geld zu kommen?

Wenn ausländische Jugendliche merken und sehen, dass sie mit ausländischen Nachnamen und Aussehen gewisse Jobs nicht bekommen, sinkt immer mehr die Bereitschaft, sich zu integrieren. Sie haben das Gefühl - aber auch die Erfahrung gemacht, dass sie gegenüber deutschen Bewerbern fast immer den Kürzeren ziehen.

Also muss Deutschland über realistische Lösungen nachdenken. Einen beruflichen Werdegang in Deutschland zu beginnen fällt den Jugendlichen immer schwerer. Viele haben mittlerweile das Gefühl, dass Ausbildung oder Studium die kommende Arbeitslosigkeit nur zeitlich nach hinten verlagert.

Diese Kinder und deren Eltern haben kein Geld für Sportvereine. Geschweige denn die Möglichkeit, ihre Kinder zum Training zu fahren.

Bereits vorhandene Möglichkeiten – Sportplätze und Schwimmbäder - werden sukzessive limitiert. Sogar wenn die Kommunen kein Geld für neue Sportplätze haben, müssten zumindest vorhandene Plätze saniert werden, damit sie die den Jugendlichen in der Freizeit zur Verfügung stehen.

Die Reglementierungen und die Gesetze müssen aufgelockert oder gar aufgehoben werden. Ein Platzwart meinte mal zu mir, dass die Stadt keine Gelder für weitere Angestellte und Aufsichtspersonen zur Verfügung stellen könne und deshalb viele Plätze dicht gemacht werden. Aber ist das der richtige Ansatz? Müssen auch dies ehrenamtliche Helfer und Freiwillige übernehmen?

Deutschland zahlt Entwicklungsgelder in allen Herren Länder dieser Welt. Aber anscheinend gibt es kein Geld für die eigene Jugend.

In meinem Bekanntenkreis kenne ich so einige Jungs noch aus dem Fußballverein, von denen ich gar nicht wusste, woher sie stammen. Das ist auch nicht weiter schlimm, denn somit stand uns zumindest kein „Stellvertreterkrieg unserer Herkunftsländer" im Wege. Aus meiner Fußballerzeit kenne ich zum Beispiel Kurden, türkische Freunde und Mitspieler, über deren Herkunft ich nichts wusste.

Vereine sind das Beste für eine schnelle Integration in Deutschland. Dank dem deutschen Vereinsgesetz gibt es Vereine für fast jedes Interesse, wobei Sportvereine die größte Rolle spielen.
Das geschieht aus zwei wesentlichen Gründen. Erstens kämpft man für die gleiche Sache und zweitens aus demselben Grund. In meinem Fall war es die Leidenschaft für den Fußball.

Es gibt kein politisches Programm, das so effektiv ist wie der Sport. Der Fußball verbindet vorrangig Männer. Dabei ist es egal, woher man stammt. Selbstredend waren insbesondere deutsche Mitbürger im Team. Somit konnte man auf spielerische Art und Weise mit Deutschen interagieren. Bei Siegen jubelten wir alle zusammen und bei Niederlagen wurde Trübsal geblasen. Die Spiele an den Wochenenden waren ja nicht alles. Man trainierte unter der Woche gemeinsam und tauschte sich auch außerhalb des Fußballs untereinander aus. Dabei entstanden Freundschaften, die seit Jahrzehnten bis heute bestehen.

Viele Ausländer holten sich so ihr Selbstvertrauen: über Leistungen auf dem Spielfeld. Somit gingen sie mit breiter Brust auf ihre Mitspieler zu und trauten sich immer mehr zu. Andere wiederum haben zwar den Willen zur Integration, aber ihnen fehlt Selbstvertrauen. Vor allem betrifft das mehrheitlich weibliche Ausländer aus muslimischen Staaten.

Der deutsche Staat sollte für lokale und kommunale Vereinsarbeit viel mehr finanzielle Hilfen anbieten. Das wäre zielsicherer und effektiver als lediglich Integrationskurse & Co.

Es gibt in meiner Nähe eine große Sportanlage mit Fußballplätzen - Asche sowie Rasen - Tennisplätzen und Leichtathletikmöglichkeiten. Doch nur an drei Tagen in der Woche werden die Ascheplätze benutzt: dienstags und donnerstags für jeweils zwei Stunden zum Trainieren. Sonntags finden ein oder zwei Fußballspiele darauf statt. Ansonsten ist die Anlage über die gesamte Woche hinweg geschlossen. Und natürlich ist die Anlage in den Ferien komplett geschlossen.
Es wurde sogar ein hoher Riesenzaun herum gebaut, so dass kein Kind und kein Jugendlicher das Gelände betreten kann ohne Hausfriedensbruch zu begehen. Das liegt aber nicht daran, dass es zu wenige Kinder und Jugendliche gibt, die sich für Sport interessieren, sondern nur, weil die Benutzung nicht erlaubt ist. Insbesondere in den Ferien, in denen finanziell schwächere Familien sich überhaupt keinen oder nur kurze Urlaube leisten können, wären solche Angebote sehr hilfreich.

In meiner Kindheit und als Jugendlicher waren diese Anlagen immer geöffnet und jederzeit betretbar. Wir trieben uns morgens bis abends auf diesen Sportplätzen herum. Dabei trafen sich dort nicht nur Ausländer sondern einfach alle. Es war eine Begegnungsstätte á la Couleur.
Der Sport war der beste Grund, um ins Gespräch zu kommen und sich auszutauschen.
Der Sport verband.

Insbesondere hatte der Sport eine andere positive Nebenwirkung. Kaum einer kam auf die Idee zu rauchen oder Alkohol zu trinken. Unter uns Pseudo-Athleten waren solche Dinge verpönt. Alles, was der Leistungsfähigkeit widersprach, wurde nicht gern gesehen. Zumindest wurde jeder Fehlpass oder Fehlwurf ausgenutzt, um sich über diejenigen lustig zu machen.

Diese frei zugänglichen Schmelzpunkte braucht eine Zivilgesellschaft für eine erfolgreiche Integration von ausländischen Jugendlichen. Die deutschen Gesetze tragen zu dieser misslichen Situation wesentlich bei wie Lärmbelästigung, Mittagsruhe und laute spielende Kinder. Die Anwohner, meist älteres Publikum, beschweren sich über entstandenen Lärm und fühlen sich dadurch belästigt.

Erklären Sie mir doch bitte:

Wie kann man als erwachsener Bürger mit normalem Menschenverstand in die Nähe von Schulen, Kita-, Sport- und Spielplätzen ziehen und sich dann über den Lärm ordnungsamtlich und polizeilich beschweren? In Neubaugebieten wollen die Bewohner zwar eine Spielstraße, auf dem keine Autos fahren sollen, aber „bitte nicht bei mir in der eigenen Straße."

Vor dem Hintergrund einer sich immer schneller ändernden und alternden Gesellschaft ist es fatal, die Jugend zu vernachlässigen. Es wird immer wieder von einer Spaltung der Gesellschaft gesprochen. Dabei meint man vor allem die Spaltung zwischen arm und reich. Diese Schere ist kurz davor, in zwei Stücke zu zerfallen.
Wird ebenso die Spaltung zwischen Jung und Alt bedacht? Hier sehe ich größere Schwierigkeiten als die Spaltung zwischen arm und reich. Arm oder reich kann auch noch ein Mensch in der dritten Lebensphase werden. Dieses Schicksal könnte genauso die Jugend ereilen.

Bezüglich des Geldes sitzen wir im selben Boot. Ein älterer Mensch kann sich zwar jugendlich anziehen und sich auch so benehmen, aber jung und unbekümmert wird er nie wieder sein. Genauso kann sich ein junger Mensch erwachsener benehmen, aber nie die Erfahrungen der „Best Ager" besitzen.

Kurios ist für mich folgendes:

Ein Jugendlicher kann sich nur schwer vorstellen wie es ist, alt zu sein. Dennoch wird von ihm erwartet, dass er die ältere Generation respektiert. Ein Ruheständler genießt dabei fast Narrenfreiheit.

Obwohl die *„Barock-Teenager"* nicht plötzlich von heute auf morgen steinalt wurden, scheinen sie die eigene Jugend vergessen zu haben. Da lasse ich auch nicht mit mir drüber reden, dass man die Zeiten nicht miteinander vergleichen könne. Die „Golden Ager" haben immer schon der Jugend Respektlosigkeit vorgeworfen. Das war schon vor 100 Jahren so und wird noch in 100 Jahren so sein.

Die Meisten denken sich, dass die Jugend von heute freier ist als damals. „Seinerzeit hätte man sich sowas nicht hätten leisten können." Doch so ist es nicht. Die Rentner wollen Ruhe und Ordnung, die jungen Menschen weltweit wollen nur leben. Dabei ist es den Jugendlichen egal, aus welcher Region dieser Welt sie selbst stammen.

Es würde sich sogar eine Gelegenheit bieten, wenn sich die ältere Generation bei der Integration engagieren würde, anstatt sich von alten und neuen Dämonen beherrschen zu lassen. Ich weiß aber auch, dass der Mensch nur allzu gerne an alten Zöpfen, Mustern und Gewohnheiten festhält.

Die Bevölkerung ändert erst etwas, wenn sie gar nicht anders mehr kann. Doch wenn eine verständnisvolle Annäherung zwischen Alt und Jung nicht gelingt, wird die Spaltung bis zum Schaft reichen.

Die Jugend ist im Allgemeinen nicht gerade bekannt dafür, dass sie unendliche Geduld aufbringen kann. Jugendliche aus Migrantenfamilien haben sowieso das Gefühl, dass sie Jugendliche zweiter Klasse wären. Folgerichtig würde man diese Gruppe zu allererst verlieren, denn deren Geduld ist eine noch größere Rarität.

Es wird von der Jugend erwartet, dass sie nachvollziehen sollen, welche Sorgen und Einschränkungen das Alter mit sich bringt. Es soll sich also etwas vorgestellt werden, welches die Jugend selbst noch nie erlebt hat.

Doch die alten Menschen der Gesellschaft können sich anscheinend nicht mehr an ihre eigene Jugend erinnern, in der sie selbst rebelliert haben.

Es erinnert mich an ehemalige Raucher, die früher selbst wie ein Schlot geraucht haben. Ist ja begrüßenswert, dass sie aufhören konnten zu rauchen, doch einige entwickeln sich zu militanten Ex-Rauchern. All das Verständnis für Raucher, was sie früher für sich selbst einforderten, möchten sie plötzlich nicht mehr den noch aktiven Rauchern gewähren. Deshalb werden militante Ex-Raucher von aktiven Rauchern nicht ernst genommen und lediglich belächelt.

Aber möchte unsere Gesellschaft eine Situation schaffen, in der ältere Menschen von der Jugend nicht mehr ernst genommen und belächelt werden? „Natürlich nicht!" denken sich jetzt die meisten von Ihnen. Dennoch wird dafür viel zu wenig getan. Man sollte sich ein Beispiel an dem Satz nehmen: Leben und leben lassen! Keiner sollte gezwungen werden, so zu leben wie man selbst!

Oder was meinen Sie?

Schauen Sie sich einmal die deutschsprachige Rap-Szene an. Ganz egal, ob es Ihr Geschmack ist oder nicht: Bitte achten Sie auf die Texte!

Zumindest haben die bekanntesten Rapper einen Migrationshintergrund und genießen ein hohes Ansehen in den unteren Schichten. Warum? Weil Rapper dem Lebensgefühl der Jugendlichen eine Stimme geben. Und was erzählen sie? Sie erzählen in ihren Liedern meistens Geschichten aus ihrem eigenen Leben und Erfahrungen. Sie berichten von dem, was sie auf den Straßen und in ihrer Umgebung mitbekommen.

Die Jugendlichen haben das Gefühl, dass sie nicht alleine sind und dass es jemandem gibt, der ihre Situation versteht. Sie sehen Rapper als einen der ihresgleichen und können sich gut mit ihnen identifizieren. Schließlich hätten diese Rapper aus ähnlichen Verhältnissen stammend so viel erreicht. Einige haben es zu Ruhm und Geld geschafft. Das ist sehr verlockend und erstrebenswert.

Vielleicht sollte sich die deutsche Politik einmal die Mühe machen und mehr auf diese Rap-Szene achten. Dann erkennt man schnell die aktuellen Sorgen und Probleme der Jugend. Sogar Ausblicke auf zukünftige Probleme lassen sich in den Liedern ablesen. Nur besitzen Rapper keinerlei Macht. Dennoch können ihre Texte als ein Gradmaß der Unzufriedenheit angesehen werden. Die wachsende Popularität dieser Musik in den letzten Jahrzehnten ist ein eindeutiges Indiz dafür.

Die Jugend weiß, dass sie sich nur mit Geld ein gewisses Maß an Freiheit leisten kann. Je mehr Geld, desto mehr Freiheiten. Einen anderen Weg müssen die älteren Mitbürger der Jugend erst aufzeigen. Dies müsste mit viel Fingerspitzengefühl und Verständnis geschehen.

Doch leider fehlt es der älteren Generation an Zeit und Geduld. Die älteren Menschen müssten dank ihrer Altersweisheit viel mehr die kleineren Verfehlungen der Jugend tolerieren. Dabei sollten sie weniger von Ihrem Recht Gebrauch machen und an ihre eigenen Vorteile denken, sondern mehr auf das Interesse der jungen Generation eingehen. Leider pochen alle auf ihr eigenes Recht und ihre eigenen Vorteile.

Die Macht der älteren Bevölkerung wird in den nächsten Jahren noch weiter wachsen, denn die Anzahl der Rentner steigt überproportional zur Anzahl des Nachwuchses. Es kann nicht erwartet werden, dass Jugendliche Geduld für ältere Generationen aufbringen sollen.

Ein Zyniker würde sagen, dass die Jugend einfach abwarten sollte, bis die ältere Generation langsam ausstirbt. Doch das entspricht nicht den Werten unserer Gesellschaft. Die Jugend kann sich erst richtig um die älteren Herrschaften unserer Gesellschaft kümmern, wenn sie ihr eigenes Leben im Griff haben. Die ältere Generation darf nicht nur Politik in eigener Sache machen.

Die Jugend würde mehr Bereitschaft entwickeln, Senioren zu helfen und zu versuchen, ihnen die Alterseinsamkeit zu nehmen, wenn ihnen die ältere Generation entgegenkäme.

Sogar innerhalb deutscher Familien liegt vieles im Argen. Alte Menschen werden in Altersheimen oder betreutem Wohnen untergebracht, obwohl sie Kinder und Enkelkinder haben. Dennoch haben die jungen Menschen kaum Zeit und Möglichkeit, sich um sie zu kümmern. Da könnten die Deutschen sich von muslimischen Migranten und Südeuropäern eine dicke Scheibe abschneiden. Da zählen die Alten noch was und werden wertgeschätzt.
Diese jungen Menschen pflegen und respektieren ihre älteren Familienangehörigen meist. Sie leben mit ihnen im Verbund solange wie sie können.
In deutschen Familien hat man dagegen den Eindruck, dass ältere Menschen eine Belastung darstellen und ausrangiert werden müssten. Die Deutschen beruhigen mitunter ihr Gewissen, indem sie für die entstehenden Pflege- und Betreuungskosten aufkommen.

Egal woher ein alter Mensch stammt: er verdient es, am gesellschaftlichen Leben teilzuhaben, gebraucht, geachtet und geschätzt zu werden.

Der Ausländer fragt sich stattdessen, ob sein Gott ihm je verzeihen könnte, wenn er seine Eltern später im Stich ließe.

Übrigens überschneiden sich viele Ansichten der jungen Alt-Ausländer mit denen der deutschen Jugend. Wie andere Jugendliche fühlen sie sich nicht in der Politik ausreichend repräsentiert, obwohl sie ja angeblich die Zukunft unserer Gesellschaft darstellen. Die Jugendlichen - Ausländer eingeschlossen - haben den Eindruck, dass sie nur die Aufpasser des Wohlstands der anderen sind. Sie sollen arbeiten und Steuern zahlen. Sie sollen die Renten der älteren Generation ermöglichen, dennoch selbst für sich privat vorsorgen.
Wie und von welchem Geld wird ihnen nicht erklärt.

Der Generationenvertrag von damals ist mit der heutigen Realität nicht vereinbar und damit obsolet geworden. Die Jugend soll den Spagat zwischen dem Wohl der „Golden Ager" und dem Wohl des eigenen Lebens meistern. Das musste die Jugend schon immer machen.
Und wir alle wissen: Viele der jungen Deutschen können sich ihren Lebensstandard, Hauskauf, etc. meist nur leisten, weil aus der Eltern- und Großelterngeneration Vermögen, Werte und Immobilien als Bürgschaft vorhanden sind. Doch die demographische Entwicklung spricht eine andere Sprache. Eine schrumpfende Anzahl an jungen Menschen soll die steigende Anzahl an Senioren bewältigen.

Wenn die Babyboom-Generation aus den 60gern in Rente geht, wird sich die Lage noch weiter zuspitzen.

Gemeinsame Ziele

Ich gebe Ihnen abschließend noch ein Beispiel an die Hand, das für eine Art funktionierende Integration ohne staatlichen Eingriff steht. Integration bedeutet nicht zwangsweise das Zusammenleben mit deutschen Mitbürgern, sondern ebenso unter den Ausländern selbst. Sportvereine sind sehr gute Hilfsmittel, damit die Integration in Gang kommt. Dennoch scheint es noch viele weitere Wege zu geben.

Das folgende Beispiel hat nur indirekt mit Sport zu tun. Und zwar handelt es sich dabei um sogenannte Wettbüros.

Vergessen Sie jetzt bitte kurz deren Image!

Zu den Wettbüros gehen Menschen verschiedenster Nationen ein und aus und natürlich wird in diesen Läden überwiegend deutsch gesprochen, egal welches Sprachniveau. Es ist ja auch das Naheliegendste. Zumindest in den Großstädten.
Vor allem liegt es daran, dass alle dasselbe Ziel verfolgen. Richtige Tipps abgeben und dann das gewonnene Geld einkassieren. Außerdem bildet sich jeder ein, dass er irgendetwas besser wüsste. So gesehen wird sportliches Pseudowissen untereinander ausgetauscht und Wettscheine werden verglichen.

Jetzt mal nur unter uns:
Das wahre Wissen besitzen nur die Wettanbieter selbst. Ist aber egal, denn die Aussicht auf einen satten Gewinn lässt die Leute immer wieder hoffen.
Das ist es, was zählt.

Dennoch ist es ein Treffpunkt für viele Ausländer, die sonst nie miteinander ins Gespräch kommen würden. Nicht, dass hier der Eindruck entsteht, dass in diesen Läden nur Ausländer wären.

Viele Deutsche zocken liebend gerne! Das sehen Sie ja schon anhand der überinflationären Werbungen in Medien, Internet und Stadien mit prominenten Gesichtern.

Sport verbindet. Also ist diese Art der Begegnungsstätte längst in der Gesellschaft etabliert. Sie können es ebenso als ein Jugendzentrum für Erwachsene betrachten. Es ist kein Vorzeigemodel für Integration.

Dennoch zeigt es uns, dass, wenn ein gemeinsames Ziel verfolgt wird, Menschen trotz Differenzen gemeinsam miteinander friedlich leben und sogar Freundschaften wachsen können. Das sehen Sie zum Beispiel bei Welt- und Europameisterschaften. Bei diesen Turnieren unterstützen fast alle Ausländer die deutsche Nationalmannschaft. Zumindest, wenn es sich um Fußball handelt. Kritisch wird es nur, falls die deutsche Nationalmannschaft auf die jeweilige Nationalmannschaft der Ausländer trifft. Doch hierbei sind die meisten Ausländer Sportsmänner, respektieren die Leistung der Deutschen und fiebern mit den Deutschen mit. Bestenfalls machen sie das bis zum Turniersieg wie im Jahr 2014 in Brasilien.

Ich hätte nie gedacht, dass ich sowas sagen würde, aber die deutsche Politik könnte sich von Sportwettstätten noch was für ihre Integrationspolitik abgucken.

Der Trigger

Mein Augenmerk liegt auf den Alt-Ausländern. Deren Integration muss vorangetrieben werden. Ein Flüchtling könnte in sein Land zurück, wenn dort Frieden herrschen würde und die Zeit reif wäre. Doch die Zeit ist manchmal eine „Bitch". Indes wollen viele Alt-Ausländer, die vielleicht selbst einst Flüchtlinge gewesen waren, gar nicht mehr zurück in ihr Geburtsland. Diesen Eindruck habe ich vor allem bei Alt-Ausländern, deren Kinder und Enkel in Deutschland geboren wurden.

Was meinen Sie ist der Grund für den Anstieg von rechtsmotivierten Übergriffen?
Bei den Anfeindungen wird kein Unterschied gemacht zwischen Alt-Ausländern, Ausländern und Flüchtlingen. Denken Sie, dass die Zahl der rechtsgesinnten Menschen stabil geblieben ist und sich diese nur jetzt an die Öffentlichkeit trauen, um ihre Meinung kundzutun? Wenn dem so ist, stellt dies kein gutes Bild unserer Gesellschaft dar. Denn das würde bedeuten, dass unsere Gesellschaft schon immer latent ausländerfeindliche und rechtsradikale Tendenzen besessen hat - getreu dem Motto: „Wir haben nichts gegen Ausländer, solange sie im Ausland bleiben!"

Die *gefühlten* Deutschen, sprich Italiener, Spanier, Franzosen, usw. bezeichnen wir dann zumindest als Europäer, obgleich sie als „nicht richtige Deutsche" gelten. Klingt immer noch besser, als einfach nur Ausländer, oder?
Falls einige Leser der Auffassung sind, dass Rechtsradikalismus neu entstanden ist, welchen es in dieser Form bis dato noch nicht gegeben hat, zeichnet sich ein noch verheerenderes Bild von Deutschland ab.

Ich bin der Meinung, dass der harte Kern des Rechtsradikalismus auf stabilen Zahlen basiert. Die Anzahl der
Bürger, deren Meinung mehr und mehr in die rechte Ecke
eingeordnet wird, steigt hingegen stetig an. Und es wird von
den Medien mitverschuldet. Denn besorgte, verunsicherte,
verängstigte und nicht gewillte Bürger werden als Menschen
mit rechtsradikalem Gedankengut etikettiert.

Deutschland hat aufgrund seiner Vergangenheit kein
objektives Verhältnis zum Rechtsradikalismus.
Gerade diese Verteufelung macht den Rechtsradikalismus so
angsteinflößend. Wenn doch so wenige Menschen mit
rechtsradikaler Gesinnung in Deutschland existieren, dann
könnte man doch viel objektiver und gelassener mit diesen
Menschen sprechen. Deutschland versucht alles, damit das
Bild des Nazi-Deutschen auf der Welt nicht wieder-
aufflackert.
Egal, was es kostet!

Der Preis ist die Nichtbeachtung der einheimischen Wähler.
Die deutsche Regierung darf die sogenannten Protestwähler,
in diesem Fall viele der AFD-Wähler, nicht stigmatisieren,
denn das sind Wähler, die vorher die etablierten und
altbekannten Parteien wählten. Die AfD-Wähler kamen ja
nicht einfach so aus dem Nichts.
Das Gefährliche für die etablierten Parteien ist die Tatsache,
dass die AfD thematisch viel breiter und nachhaltiger
aufgestellt ist als die üblichen Protestparteien wie damals die
Republikaner, NPD und sogar die Piratenpartei. Sie
generierten Wähler aus allen Schichten der Bundesrepublik.
Es waren und sind vor allem nicht nur sozial abgehängte
Wähler, sondern Wähler querbeet durch unsere Gesellschaft,
denen es sogar ganz gut geht.

Was würde passieren, wenn sich die AfD den Wahlslogan „Zuerst Deutschland!" in Anlehnung zu Trumps Wahlparole „America First!", auf die Fahnen schriebe? Ich sag es Ihnen: Noch mehr Bürger würden für die AfD stimmen!

Sogar stimmberechtigte Alt-Ausländer könnten für die AFD stimmen, wenn nicht der Rest des AFD-Wahlprogrammes gegen sie selbst gerichtet wäre. Doch die Flüchtlingskrise befeuert die AFD-Politik. Darauf scheinen die etablierten Parteien keine richtigen Antworten zu finden.

Für die deutschen Regierungen war stets die Außendarstellung des Landes wichtiger als die eigene Darstellung im Inneren. Ob sich Deutschland damit einen Gefallen tut, wage ich zu bezweifeln. Manch deutscher Bürger versucht instinktiv, sich gegen dieses politische System zu wehren und findet im Aufbegehren Gefallen.

Deutschland hat verständlicherweise Angst vor dem Schatten seiner eigenen Vergangenheit. Doch Angst war noch nie ein guter Ratgeber. Ich wiederhole mich gerne: Deutschland muss sich zuerst um seine Alt-Ausländer kümmern, bevor es sich den Neu-Ausländern zuwendet!

Wenn dies Deutschland nicht schafft, haben wir nicht mal mehr eine Spaltung der Gesellschaft; keine Spaltung, weil sich die Linien der Gesellschaft erst gar nicht mehr schneiden. Nicht mal mehr in einem 180 Gradwinkel! Wie gesagt: Die Alt-Ausländer würden sich emotional von Deutschland verraten fühlen.

Hierbei muss ich mich gar nicht im Konjunktiv ausdrücken. Viele Bürger im Land fühlen sich jetzt bereits verraten. Sowohl Deutsche wie Ausländer. In der Politik gehört der Wortbruch zum Tagessgeschäft, weil man es nicht jedem recht machen kann. Eine sehr einfache und wirksame Erklärung, mit der aber nicht viele etwas anfangen können.

Deutschlands Werte bröckeln

Deutschland scheint sich über die Konsequenzen des Miteinanderlebens mit den Neu-Flüchtlingen keine Gedanken gemacht zu haben. Zumindest wurden bisher keine befriedigenden Antworten gefunden.
Was macht Deutschland im Falle von Polygamie? Was sagt das Gesetz einem muslimischen Flüchtling, der zwei oder mehr Frauen hat?
Denken Sie einmal kurz über dieses Thema nach!
Mit all den Konsequenzen: deutsche Bürokratie, Sozialnetz und Gerichte.

Natürlich sagt das deutsche Gesetz, dass man nur eine Frau ehelichen darf. Aber ist es okay, wenn der Ehemann gezwungen wird, sich für eine seiner Frauen zu entscheiden? Manchmal sind gleich mehrere Familien mit Kindern betroffen, weil der Mann gleich zwei Familien gegründet hat. Welche Frau mit Kindern muss geschieden werden, damit vor dem deutschen Staat alles seine Richtigkeit hat?
Gilt die andere Frau dann als Alleinerziehende und bekommt eine Wohnung vom Sozialamt gestellt?
Wie sollen etwaige Rentenansprüche verteilt und verrechnet werden? Erhalten beide Frauen im Fall der Fälle Witwenrente?
Wird Deutschland seine Gesetze ändern oder anpassen müssen? Will das die deutsche Bevölkerung überhaupt?

Auf Deutschland werden noch einige Probleme zukommen, wenn Flüchtlingsfrauen anfangen, ihre Weltanschauung zu ändern und dies ihren traditionell muslimischen Männern nicht gefällt. Deutschland hat schon Probleme mit seinen Alt-Ausländern, die einen „Ehrenmord" begehen. Diese Täter sind meistens schon seit vielen Jahren in Deutschland lebhaft und begehen trotzdem solche Taten, die in ihrer Kultur die sogenannte „Ehre" wiederherstellen sollen.

Deutsche Gerichte stehen diesen Straftaten meist hilflos gegenüber, weil die Täter die deutsche Gerichtsbarkeit kennen und diese auszutricksen wissen.

So ist der angeblich alleinige Täter meistens immer der Jüngste in der Familie, der nur nach dem Jugendrecht verurteilt werden darf. Falls nicht, war es eine gemeinschaftliche Tötung, wobei die deutsche Justiz meistens nicht beweisen kann, wer die finale Handlung begangen hatte, die zum Tod des Opfers führte.

Somit kann das Gericht nicht feststellen, wer letztlich der genaue Täter war.

Die Gerichte schöpfen in meinen Augen nicht die volle Härte des Gesetzes aus. Generell empfinde ich deutsche Gerichtsurteile als zu lasch. Es kann doch nicht sein, dass die Täter von der Silvesternacht in Köln lachend aus dem Gerichtssaal kommen! Lachend!

Nicht, weil sie frei gesprochen wurden, sondern weil sie über die Strafe lachen!

Wo ist da die Abschreckfunktion?

Leider entsteht so ganz leicht der Eindruck, dass die Polizei und somit die Exekutive einem nichts anhaben können. Es herrscht kein Respekt vor Polizeibeamten. Sie werden nicht für voll genommen, weil die Täter wissen, dass sie keine harten Strafen von Gerichten befürchten müssen. Viele Intensiv- und Wiederholungstäter können und wollen sich mit dem deutschen Rechtssystem nicht identifizieren.

Da tun mir die Polizeibeamten wirklich leid, weil ihnen so vor Augen geführt wird, wie sinnlos und frustrierend doch ihre Arbeit manchmal ist! Verständlicherweise! Da wird Woche für Woche Dienst geleistet, Überstunde an Überstunde gereiht und am Ende wird man ausgelacht. Die Beamten stehen ohnmächtig daneben.
Ganz zu schweigen vom eigenen Familienleben, welches durch Schichtdienst und Überstunden in Mitleidenschaft gezogen wird. Tagtäglich riskieren die Polizeibeamten ihre Gesundheit und ihr Leben für die Ordnung der Allgemeinheit. Über die letzten Jahre wurden Polizeistellen und Mittel gekürzt und vieles vernachlässigt. Unsere Polizeibeamten müssen viel besser ausgestattet werden, um ihren Beruf ordentlich ausüben zu können.

Um das Ansehen von Polizei und Kriminalbehörden zu steigern, hier ein Vorschlag von mir:
Beleidigungen gegenüber Polizistinnen und Polizisten viel härter bestrafen!
Nicht, dass unsere Polizei jetzt mehr Gefahr ausstrahlen soll, aber man darf und sollte definitiv mehr Respekt von den eigenen Bürgern erwarten.

Vor allem beklagen Polizistinnen, dass ihnen seitens muslimischer Männer kein Respekt gezeigt wird. Da muss definitiv stärker durchgegriffen werden. Polizeibeamte und Gewerkschaften wissen doch genau, wo der Schuh drückt. Vielleicht sollten unsere Politiker mal mit ihnen sprechen, um mehr zu erfahren.
Moment, das tun sie ja bereits!

Aber wieso hat sich die Frustration der Exekutive nicht in Luft aufgelöst?
Sie hören zwar hin, aber ihnen nicht zu. Ähnlich wie bei den Bundestagsdebatten. Die meisten Bundestagsabgeordneten sind entweder gar nicht anwesend oder mit ihren Smartphones und Tablets beschäftigt.
Dies empfinde ich als eine riesige Respektlosigkeit gegenüber dem Redner. Schließlich werden sie dafür gewählt und entlohnt. Sie sollen gefälligst anderen Meinungen Aufmerksamkeit schenken. Als Bundeskanzler hätte ich schon längst auf meinem Rednerpult gehauen und darauf bestanden, dass alle Geräte abgeschaltet werden.

Tja, aber da die Kanzlerin selbst mit ihrem Handy beschäftigt ist, kann sie keine Steine werfen. Sie wissen schon, warum. Die Polizeibeamten müssen das Unvermögen der Politiker und die laschen Strafen seitens der Justiz aus der ersten Reihe ausbaden.

Es ist beschämend, wie Deutschland mit seiner Exekutive umgeht.

Ist Deutschland wirklich überrascht?

Ich selbst muss den „Bio-Deutschen" in einigen Punkten zustimmen. Die seit vielen Jahren friedlich miteinander lebenden Deutschen und Ausländer haben das Recht, sich Sorgen zu machen. Dabei geht es nicht um Fakten, sondern um ein Gefühl, welches auch schon früher existierte.
Veränderungen durchlebt jede Gesellschaft. Mal geht es schneller, mal langsamer und mal im Schneckentempo, wobei Veränderungen nicht zwangsweise einer linearen Entwicklung entsprechen.

Es gibt Entwicklungen, die - von außen betrachtet - einen Rückschritt darstellen. Damit meine ich nicht den technischen Fortschritt, der überall auf der Welt auf dem Vormarsch ist, sondern den abstrakten, gesellschaftlichen Fortschritt. Diesen empfindet jeder Mensch anders.
Beim abstrakt gesellschaftlichen Fortschritt gibt es nicht wie beim Smartphone etwa Modellnummer und Erscheinungsdatum. In jeder zivilisierten Gesellschaft definieren die Menschen selbst, was in ihren Augen ein Fortschritt ist und was nicht. Dieser Prozess kann mit Fakten und Zahlen ausgeschmückt werden, muss es aber nicht.
So paradox es auch klingen mag: Die emotionalen Fakten geben den realen Takt vor.

Wenn sich eine zutiefst verunsicherte deutsche Bevölkerung Sorgen um ihre gesellschaftlichen Strukturen macht, verschwimmen Realität und Emotionen im Nebel. Da kann die deutsche Regierung noch tausendmal erklären, dass etwaige Sorgen und Ängste unbegründet seien und nicht auf Fakten beruhen.

Wenn Sorgen und Ängste lange genug mit Fakten in einem Kochtopf schmoren, dann werden vermeintlich neue Fakten geschaffen. Zurzeit ähnelt dies eher einem Schnellkochtopf, in welchem zu viele Zutaten auf einmal auf höchster Stufe gekocht werden.

Deutschland hat sich aus meiner Sicht leider nicht die Zeit genommen, um Strategien, Konzepte und Pläne zu entwickeln, damit die Bevölkerung ihre gefällten Entscheidungen mitträgt. Die Bevölkerung hat das Gefühl, dass sie etwas mittragen muss, das nicht in ihrem Interesse ist. Das passiert aufgrund von falschen politischen Erwägungen. Da scheint das Herz größer zu sein als die Vernunft.
Es scheint mir so, als ob Deutschland seinen Bürgern immer mehr Keulen zuwirft. Damit ihre Auftritte nicht in den Bach runter gehen, sind sie gezwungen, immer schneller und höher die Keulen in die Luft zu schmeißen.
Doch sogar die besten Jongleure der Welt stoßen irgendwann an ihre Grenzen.

Des Weiteren sehe ich in der Spaltung zwischen den Mainstreammedien und der Vielfalt der miteinander konkurrierenden Medienerzeugnissen ein wachsendes Problem. Die Bürger können allzu oft ihre Meinung nicht in den Massenmedien wiederfinden.
Beim Begriff „Massenmedien" denken viele, dass sie für die Massen sprechen. Doch man nennt sie Massenmedien, weil sie schlichtweg Massen erreichen können!

Es wird ihnen durch die Medien meist von extremen Positionen berichtet. Über die breite Mitte eines Themas wird weniger berichtet. So gesehen wird auf 80 Prozent der Meinungen nicht eingegangen, was aber die breite Mehrheit darstellt. Die Extremthemen generieren hohe Einschaltquoten, Auflagen und Klicks. Aufmerksamkeit ist *die* harte Währung geworden. Dies führt leider dazu, dass die Bevölkerung fehlinformiert wird und diese Fehlinformationen dann in ihrem Alltag integriert werden. Entweder unterschätzen die Medien ihre Macht als vierte Macht im Staat oder sie denken sich etwas dabei.

Aber wenn man die breite Mitte nicht ausreichend beachtet, begeht man einen großen Fehler. Die Medien fallen wie Heuschrecken über ein Thema her. Sobald sie satt sind, zieht ihr Interesse weiter, doch die Bevölkerung bleibt mit ihren Problemen angenagt zurück.

Der normale Bürger gewinnt somit den Eindruck, dass er mit seiner Meinung nur eine Mindermeinung vertreten würde. Wenn er aber bei Kundgebungen und in sozialen Medien mit Ansichtsgenossen Kontakte knüpft und sich austauscht, merkt er, dass viele Menschen seine Ansichten teilen und deklariert die Meldungen in den Medien als *Fake News*.

Und da viele Bürger das Gefühl haben, nicht ordentlich und angemessen in den Massenmedien dargestellt zu werden, bezichtigen sie die Presse der Lüge.

Es werde darüber gelogen, wie der Zustand unserer Gesellschaft aussieht. In ihren Augen findet keine wirkliche Abbildung der eigenen Realität auf den Straßen in den Medien wieder statt.

Laut Massenmedien passiert dies angeblich.

In der heutigen Zeit beschaffen sich die Menschen ihre Informationen selbst. Sie verlassen sich dabei nicht nur auf Fernsehen und Zeitung, sondern machen sich im Internet und „Social Media" schlau. Dabei ist es gleichsam egal, ob es der Wahrheit entspricht und die Quellen nachprüfbar sind, oder nicht. Man ist es einfach leid, immer das gleiche zu hören. Natürlich ist die Gefahr dabei groß, dass man Demagogen und Hetzern auf den Leim geht.

Wenn man lange genug sucht, findet man im Internet immer Foren, Gruppen, Artikel oder Videos, die die eigene Meinung widerspiegeln und bekommt das Gefühl, nicht mehr alleine mit der eigenen Meinung dazustehen.
Und so nimmt die Hetze in den sozialen Medien immer weiter zu. Der Grad von sozialen Medien zu asozialen Medien ist dabei fließend.

Das Internet ist Fluch und Segen zugleich. Man kann große Massen besser erreichen und beeinflussen, aber auch gleichzeitig schneller verlieren. Diejenigen, welche den Mainstream als vorgegebene Meinung ablehnen, holen sich Ihre Informationen aus dem Internet und begründen es damit, dass es zum Beispiel im Fernsehen kein Korrektiv gibt.

Durch das Internet sind ganz neue Möglichkeiten in der Informationsbeschaffung entstanden, die einen Quantensprung darstellen. Das ist gleichsam unter anderem der Grund, warum sich die Staaten zunehmend für den Internetverkehr mitsamt Datenverkehr, Internetdaten und Benutzerverhalten interessieren.

Die Ausweitung von Abfang- und Ausspähaktionen des Staates greift massiv in die Privatsphäre der Bürger ein. Die Deutschen sind vielleicht aufgrund ihrer Erfahrungen aus der eigenen Historie besonders sensibilisiert. Dennoch treibt die Regierung die Zugriffsrechte der Geheimdienste immer weiter voran.

Trotz warnender Hinweise der Datenschützer!

Das Totschlagargument der Staaten ist immer wieder das gleiche: Sicherheit.

Viele Menschen sehen, dass die immer stärker ausgeweitete Überwachung gar nichts bringt. Peinliche Ermittlungspannen lassen aufhorchen, dass gar nicht durchgegriffen wurde. Doch die Rechte der Bürger werden weiterhin eingeschränkt. Ob das mit der Terrorabwehr überhaupt etwas zu tun hat, bleibt dagegen unbeantwortet.

Dabei haben die Staaten selbst große Schuld am heutigen Zustand auf dieser Welt. Seitdem ich denken kann beklagen die afrikanischen Völker, dass sie zu wenig Unterstützung vom Westen und aus Europa erhalten. Die Afrikaner bekommen von ihren natürlichen Ressourcen fast nichts ab. Sei es Bodenschätze, die es zuhauf gibt oder den Fischfang. Riesengroße Schiffe aus China, andere asiatische Länder, Amerika und der restlichen Welt fischen die Meere vor ihren Küsten leer. Man beraubt den Menschen mancherorts ihre einzige Nahrungsquelle und Fischern sogar ihrer Arbeit.

Welche Zukunftsaussichten haben sie in Afrika? Was kann ein junger Afrikaner denn sonst machen? Soll er sein Land verlassen und sein Heil in Europa suchen?

Wenn ihnen der Westen nicht ein Stück vom großen Kuchen abgeben möchte, kommen sie, um es sich zu holen. Zumindest müssen ein paar Krümel für sie abspringen. Das ist nur allzu verständlich, nachvollziehbar, fair und vor allem menschlich. Man sagt, Afrikaner seien fast ausschließlich Wirtschafts-flüchtlinge. Aber sollen sie hoffen, dass erst ein brutaler Krieg im eigenen Land stattfindet, damit sie als Kriegsflüchtlinge einreisen dürfen?

Ich bin zwar kein Experte, aber dennoch reicht der normale Menschenverstand aus um festzustellen, dass Amerika, Europa und die Ex-Kolonialmächte wie Großbritannien und Frankreich seit Jahrhunderten weltweit nur ihr eigenes Interesse verfolgt haben. Koste es, was es wolle.
Die afrikanischen Nationen können militärisch dem Westen nicht das Wasser reichen. Sollen sie einfach aus der Ferne leiden und sterben? Dazu sind sie verständlicherweise ebenso wenig gewillt wie jeder andere Mensch auf diesem Planeten.

Wenn man die afrikanischen Wirtschaften lähmt und die eigene europäische Wirtschaft mit Subventionen unterstützt, dürfte man schon aus Anstand diese Menschen nicht als Wirtschaftsflüchtlinge bezeichnen.

Es gibt Parallelen zum Nahen Osten. Die Welt und ebenso Deutschland würde keinen Augenblick an das menschliche Leid wie Hungersnot, Jugendarbeitslosigkeit, medizinische Unterversorgung, etc. denken, wenn es unter deren Land kein Erdöl und Erdgas gäbe.

Emotionalisierte Fakten versetzten Berge

Schauen Sie einmal kurz über den Atlantik!

In den USA wurde gewählt und das Ergebnis überraschte angeblich die Mehrheit in Europa und Deutschland, die fest mit der Präsidentschaft von Hillary Clinton gerechnet hatte. Doch war das Ergebnis der Wahlen in den USA wirklich eine Überraschung?

Vielleicht stelle ich eine Ausnahme dar, aber ich war nicht sonderlich überrascht. Wer die Wahlen von Anfang verfolgte, konnte schnell herausfinden, dass es vermehrt um emotionale Argumente anstatt um Inhalte ging. Wie konnte sich ein Land, das in der ganzen Welt für westliche Werte steht, für Donald Trump entscheiden?

Das Argument einer schmutzigen Wahlkampagne wäre hier zu kurz gegriffen. Ja, es war eine aufgeheizte und emotionalisierte Kampagne! Aber das alleine reicht nicht aus, um die Besetzung der mächtigsten Position der Welt zu erklären. Bei seiner Siegesrede sagte Trump, dass es keine Wahlkampagne gegeben hätte. Es würde sich um eine Bewegung handeln, die durch ganz Amerika gehe. Wie Sie sehen, brauchte er quasi keine Inhalte.

Am Anfang dachte ich noch, dass es das Beste für Clinton sei, wenn Trump gegen sie anträte. Später musste ich meine Meinung revidieren:

Clinton war das Beste, was Trump passieren konnte! Die Wähler haben nicht Trump unbedingt gewollt, aber sie waren gegen Clinton. Die Menschen hatten vom politischen Establishment genug. Und Clinton stand in ihren Augen für das personifizierte politische Establishment.

Für mich war allerdings überraschend, dass ein so großes und mächtiges Land wie die USA nur diese beiden Kandidaten aufbringen konnte. Die Menschen hatten gefühlt die Wahl zwischen Pest und Cholera. Bei dieser Wahl der Qual entschieden sie sich diesmal für die Cholera. Von der Pest hatten sie genug, da sich ihre Situation über Jahre hinweg nicht verbessert hatte und die Ängste weiterhin wuchsen.

Einige Punkte aus dem amerikanischen Wahlkampf sollten Deutschland bekannt vorkommen. Arbeitsplätze, Sicherheit, Terrorbekämpfung und Migration sind vielleicht die markantesten Themen. Die Amerikaner können nicht behaupten, dass Mexikaner eine andere Ansicht bezüglich Religion und Frauenbild haben und stehen symbolisch für alle Immigranten aus den zahlreichen Ländern Mittel- und Südamerikas, die es in die USA zieht!
Dennoch wurden vom Trump Behauptungen über Mexikaner aufgestellt, die die Wähler hören wollten. Vorurteile und Gefühle hatten sich in Fakten gewandelt, weil ihre persönlichen Probleme und Sorgen einfach zu lange nicht beachtet und angegangen wurden.

Trump wies meist nur auf das Versagen seines Gegenübers hin. Und da er selbst kein Politiker in seinem früheren Leben war, konnte man ihm diesbezüglich nichts vorwerfen. Er war und ist halt ein Geschäftsmann. Seine Verfehlungen rührten mehr aus seinem Geschäftsleben und aus seiner eigenen Natur heraus.
Er machte nichts anderes als die Welle des Überdrusses zu nehmen und bis zuletzt auf ihr zu reiten. Trump griff etwas auf, was bereits latent vorhanden war. So gesehen entwarf er nichts Neues.

Vielleicht verstand er nur als Erster, diese Bewegung zu nutzen und erkannte darin enormes Wählerpotenzial. Das Gefühl der Menschen, dass sie nicht mehr dazugehören würden oder sogar abgehängt seien, überwog im Vorwahlkampf.
Trump begriff schnell, wie er das Gefühl der amerikanischen Gesellschaft für sich nutzen konnte.

Sie fragen sich vielleicht, was die amerikanische Präsidentschaftswahl mit unserem Thema zu tun hat. Natürlich darf man keine „Eins zu Eins-Rechnung" hier aufmachen. Dennoch darf man ebenso seine Augen nicht davor verschließen. Jede Spaltung einer Gesellschaft führt letzten Endes zu weit auseinanderliegenden Positionen.
Jede Position möchte gehört und angegangen werden. In Clinton hatten die Abgehängten der Gesellschaft keine Hoffnungen mehr. Zu oft wurde ihnen über die Jahre immer wieder erzählt, dass man sie gehört und verstanden hätte.

Ob es tatsächlich so ist, ist nicht das Ausschlaggebende. Es reicht schon, wenn das Gefühl der Stagnation die Menschen im Schwitzkasten hat. Somit war es für mich keine große Überraschung, dass das Erwachen der stillen Masse immer schneller und lauter wurde.
Nach den Wahlen in den Staaten bekam man immer mehr das Gefühl, dass es sich mittlerweile um die „Unvereinigten Staaten von Amerika" handelte. Die USA-Wahlen sollten als Weckruf für Deutschland und Europa gelten, denn besonders populistische Parteien wie die AFD haben dadurch neuen Aufwind erhalten.

In Frankreich konnte die Partei „Front National" unter Marine Le Pen durch Trumps Sieg ebenfalls weiteren Mut fassen und sich in ihren Ansichten gestärkt fühlen - genauso wie Geerd Wilders mit seiner Partei in den Niederlanden. Populisten in ganz Europa denken sich, warum ihnen nicht genauso ein Wahlsieg gelingen sollte. Noch konnten sie zwar keine Siege in den Niederlanden und Frankreich einfahren, dennoch ließen sie halb Europa erzittern.

Der zunächst parteilose Emmanuel Macron konnte die zweite Runde der Präsidentschaftswahl mit 66 Prozent für sich entscheiden. Das klingt natürlich sehr beruhigend, vor allem aus deutscher Sicht. Dennoch gebe ich Ihnen zu bedenken, dass dieser Sieg sehr teuer erkauft wurde.

Den etablierten Parteien wurde ein gehöriger Denkzettel verpasst. Keiner ihrer Präsidentschaftskandidaten konnte sich für die zweite Runde qualifizieren, was ein absolutes Novum im französischen Wahlkampf darstellte. Marine Le Pen hatte zwar die Stichwahl gegen Macon verloren, dennoch bekam sie knappe 33 Prozent der Stimmen. Ergo wollte ein Drittel der Wähler einen Wechsel zugunsten einer rechtspopulistischen Partei.

Braucht Deutschland weitere Warnschüsse?

In Italien erklärte Ministerpräsident Renzi seinen Rücktritt, weil er mit seinem Verfassungsreferendum grandios scheiterte. Doch mit einer Wahlbeteiligung von 68,5 Prozent konnte man der italienischen Bevölkerung kein mangelndes Interesse vorwerfen. Vielleicht war der Ansatz des Referendums sogar inhaltlich begründet. Dennoch nutzten die Italiener ihre Chance, ihren Politikern einen Denkzettel zu verpassen, da zum Beispiel in der Flüchtlingspolitik keine großen Fortschritte erkennbar waren.

Die Bürger in England verschafften sich durch den „Brexit"
Gehör. Und die Amerikaner protestierten mit der Wahl
Trumps gegen das in ihren Augen korrupte
Wirtschaftssystem.

Der Grund scheint auf der Hand zu liegen. Die
Bevölkerungen weltweit haben das Gefühl, dass das System
den Interessen der Reichen und Mächtigen dient und
offensichtlich käuflich ist. Somit gibt sich der Wähler selbst
die Legitimation dazu, das bestehende Politiksystem lieber
zu erschlagen. Lieber wagen sie aus Verzweiflung und
Resignation einen unsicheren und gewagten Neuanfang in
eine unbestimmte Zukunft, bevor es einfach so weitergehen
kann.

Nicht die Logik führt hierbei Regie, sondern das Gefühl. Es
muss eine Veränderung der Politikstrukturen her, egal wie.

Europaweit ist eine ablehnende Haltung gegenüber
Migranten zu beobachten und viele nationale Bevölkerungen
haben Angst vor Überfremdung. Manch einer könnte sagen,
die Globalisierung wäre schuld daran. Gegen freien Handel
und den Konsum an Massenwaren gab es kaum Bedenken.
Doch auf solche Massen an Fremden, sprich Flüchtlinge und
Immigranten, möchten die wenigsten in ihrem Leben treffen.

Etwas zugespitzt formuliert, aber so empfinden Menschen,
die sich zurückgelassen fühlen.

Erinnern wir uns kurz an die innerdeutsche Nachrichtenlage von November 2016. Wir hörten nur noch in den Zusammenfassungen der Nachrichten etwas von Verhaftungen radikaler Islamisten, Razzien und etwas über die Türkei und seinen Präsidenten. Vielleicht noch ein paar Aufnahmen aus Syrien mit seinen unmenschlich leidvollen Bildern. Ansonsten war das beherrschende Thema nur der neue Präsident der USA.

Was wird aus der Nato? Wird Trump Strafzölle für Waren aus Deutschland einführen wie zum Beispiel für Stahl?
Ist Trump ein Rassist? Oder ein Sexist?
Wird Trump dem russischen Präsidenten Putin den Hof machen? Was passiert mit den Beziehungen zu den USA? Wie reagieren die Börsen? Wird Trump das Atomabkommen mit dem Iran kündigen?
Eigentlich könnte ich Ihnen noch hunderte Fragen aufzeigen, aber ich erspare es Ihnen. Das macht schon die große deutsche Zeitung mit den vier großen Buchstaben. Sie verfügt über hervorragende Schreibsoldaten. Da werden reißerische Fragen gestellt. Fragen, die im Text darunter wieder relativiert werden. Dennoch bleiben meist nur diese Fragen hängen.

Doch mit Verlaub: Was gehen mich als deutscher Bürger diese Fragen an? Wir haben auf den Straßen und in unserer Gesellschaft dieselbe Probleme wie seit Jahresbeginn 2016. Zum Teil haben wir Probleme, die seit Jahren nicht gelöst wurden. Doch wenn man die Abendnachrichten guckt, kann leicht der Eindruck entstehen, dass die realen Probleme aus dem Alltag von uns allen nicht mehr vorhanden sind. Begibt man sich jedoch unter seine Mitmenschen, wird einem bewusst, dass viele vor ungelösten Schwierigkeiten stehen.

Sie werden von den Medien abgelenkt und fokussieren ihr Augenmerk auf die USA und ihren neuen Präsidenten. Was bringt es uns, wenn die USA den besten Präsidenten für ihr eigenes Land wählen, sich aber an der eigenen, persönlichen Lage nichts ändert? Wir empören uns künstlich über die Amerikaner und stellen uns die Frage nach dem Warum. Nochmal: Mich geht das alles nichts an. Die Amerikaner haben frei, unabhängig, geheim und demokratisch gewählt. Das müssen alle weltweit zur Kenntnis nehmen, akzeptieren und mit ihrem Leben einfach fortfahren. Mehr kann und darf man auch nicht machen. Die Welt ist nicht durch die Wahlen in den USA aus den Fugen geraten. Wenn doch, dann war sie das schon seit einer langen, langen Zeit.

Deutschland scheint nur einen Rohstoff zu haben, den die Welt braucht: die deutschen Exporte! So seien 1,5 Millionen Arbeitsplätze gefährdet, wenn Trump seine angekündigten Pläne in die Tat umsetzen würde.
Sehen Sie!
Und wieder verschafft sich das Argument von Arbeitsplatzsicherung durch die Hintertür Gehör. Gefühlt wird dem deutschen Bürger mit dem Tod gedroht, damit er sich mit allen anderen Krankheiten zufrieden gibt. Man hat seltsamerweise anscheinend früher besser gelebt, obwohl die Arbeitslosenzahlen deutlich höher waren. Das ist zum Teil faktisch, aber vor allem gefühlt, belegbar.

Wie konnte das passieren?

Diese Frage beschäftigt die Bürger besonders. Ihnen in der heutigen Zeit zu drohen, ihre Arbeitsplätze seien gefährdet, ist kontraproduktiv. Zumal viele mehrere Jobs haben und gar nicht mehr wissen, um welchen Job sie sich mehr Sorgen machen sollten, geschweige jene Jobs, die trotz Vollzeitstelle von Jobcenter aufgestockt werden müssen, damit das staatlich anerkannte Existenzminimum überhaupt erst erreicht wird. Manche können dadurch gar nicht sagen, ob sie jetzt als Arbeitslose gelten oder nicht.

Sie wissen doch, wie Menschen strukturiert sind. In einer sorgenbehafteten Atmosphäre suchen wir nach Erklärungen und Lösungen. Dabei wollen die Menschen ihrer Natur entsprechend einfache und schnelle Lösungen geliefert bekommen. Die alteingesessenen Politiker sind der Meinung, dass es keine einfachen und schnellen Lösungen gibt. Es klingt widersprüchlich, aber je komplexer unsere Welt wird, umso einfachere Antworten wollen die Menschen haben. Es gibt immer mehr Provokateure und neue Politiker, die scheinbar einfache Lösungen parat haben.
Obwohl die Bürger skeptisch sind, wählen sie diese Politiker und Parteien. Das tun sie nicht, weil die angebotenen Lösungen das Gelbe vom Ei sind, sondern weil sie von den Alt-Politikern und etablierten Parteien enttäuscht sind oder einfach die Schnauze voll haben. Die Menschen sind zutiefst verunsichert und hegen keine große Hoffnung auf eine Verbesserung in der bestehenden Politik. Dafür haben die Verantwortlichen zu lange Zeit und zu viele Möglichkeiten gehabt, die sie nicht nutzten. Warum also sollte man ihnen noch einmal vier Jahre Zeit verschaffen? Die Politik hat sich in ihren Augen zu lange um die abstrakten Probleme wie die Griechenlandkrise gekümmert und dabei ihre realen Probleme im Alltag aus den Augen verloren.

Das sehen vor allem die Alt-Ausländer so. Diese fühlen sich sowieso nicht genug geschätzt und beachtet. Die Alt-Ausländer erkennen ihre deutsche Heimat kaum wieder. Deutschland verhält sich in ihren Augen nicht authentisch. Alle können sich an ihre eigene Ankunft erinnern und sind von der heutigen sogenannten Willkommenskultur irritiert. Sie kamen nach Deutschland, ohne dass ihnen gesagt wurde, dass sie willkommen seien.

Sie taten es aus freien Stücken und aus verschiedenen Beweggründen trotzdem. Ob da etwas Neid im Spiel ist, fragen Sie sich vielleicht?

Ja, unter anderem spielt auch Neid eine große Rolle. Bei ihrer Ankunft machte der Staat nicht die Geldbörse auf und gab ihnen Wohnungen, Integrationskurse und Sozialbetreuungen. Insbesondere gab sich Deutschland wenig Mühe, die Fluchtursachen zu bekämpfen.

Alt-Ausländer denken, dass ihre Fluchtgründe dem deutschen Staat schlichtweg egal waren. Doch nun sehen sie die Kanzlerin und den Außenminister in den Nachrichten ständig gehetzt um die Welt fliegen, um die Syrienkrise endlich zu beenden. Dennoch ist den deutschen Bürgern und Alt-Ausländern ebenso klar, warum das Engagement so groß ist.

Meiner Meinung nach macht das Deutschland vorwiegend, weil diese Krise nicht nur vor ihren Türen angekommen ist, sondern mittlerweile in ihren eigenen vier Wänden stattfindet. Deutschland muss sich gezwungenermaßen darum kümmern; allein schon aus egoistischen Gründen.

Denn die eigene innenpolitische Lage droht mehr und mehr instabil zu werden.

Ein Ausblick

Wenn Deutschland weiterhin Parallelgesellschaften duldet und mit seiner Politik, die überwiegend von Naivität und Konzeptlosigkeit geprägt ist, fördert, dann reißt es mit seinem Hintern das nieder, was über Jahrzehnte mühsam mit den Händen aufgebaut wurde. Die deutsche Politik darf ihr Augenmerk nicht nur auf die Flüchtlingskrise richten. Sie muss sich vor allem um ihre Ausländer kümmern, die seit Jahren vernachlässigt und nicht beachtet werden. Diesbezüglich wuchert schon seit langem ein sozialer Sprengstoff in unserer Gesellschaft.

Meiner Meinung nach wird das Zusammenleben zwischen Deutschen und Ausländern muslimischen Glaubens in Zukunft immer schwieriger werden. Es wird insbesondere komplizierter, weil zu viele Fragen seitens der Politik nicht beantwortet werden können. Es darf nicht der Eindruck geweckt werden, dass Flüchtlingen mehr geholfen wird als der eigenen subjektiv empfundenen abgehängten Schicht. Dazugehören ebenso Ausländer.

Deshalb sollte die deutsche Politik umdenken und sich viel besser erklären. Die Zahl der unzufriedenen und empörten Bürger darf nicht weiter ansteigen, falls Deutschland seinen sozialen und gesellschaftlichen Frieden bewahren möchte. Die Bürger schauen sich zwar dieses Spiel mit an, sind aber - wie schon erwähnt - kaum gewillt, noch weitere Jahre nicht beachtet zu werden.

Die Politik wird die Rechnung dafür eines Tages erhalten. Da bin ich mir leider sehr sicher. Die Bürger suchen ja jetzt schon nach Alternativen und sie werden mehr und mehr fündig. Das sieht man an der Entwicklung der politischen Landschaft.

Was will Deutschland mit seiner Integrationspolitik überhaupt erreichen? Will Deutschland eine Multi-Kulti-Gesellschaft aufbauen? Wollen die deutschen Bürger für den Schutz und die Anerkennung kultureller Unterschiede eintreten wie die Multikulturalisten? Einige Experten sind der Meinung, dass die Multi-Kulti-Gesellschaftsidee in Deutschland längst gescheitert ist.

Mancherorts ist der Gedanke „Melting Pot" weit verbreitet so wie in den USA. Dabei wird von einer Assimilation der verschiedenen Kulturen und der daraus erfolgenden Herausbildung einer gemeinsamen, einheimischen Kultur ausgegangen. Die Idee dahinter ist, dass man als klassisches Einwanderungsland ebenso die kulturellen Unterschiede in seine Gesellschaft eingliedert. Die ethnischen und kulturellen Gruppen sollen sich mit der eigenen vereinigen. Könnte dieses Modell zu Deutschland passen?
Da bin ich sehr skeptisch, weil Deutschland für mich kein klassisches Einwanderungsland im eigentlichen Sinne ist oder je war.

Will Deutschland eine Assimilationspolitik für seine Ausländer betreiben? Kann mit Hilfe der Assimilation die Integration in Deutschland funktionieren?
Die Assimilation scheint mir die größte Aussicht auf Erfolg zu versprechen, weil Deutschland – ob es will oder nicht – sich in einem Kulturwandel befindet. Allein aufgrund ihrer Anzahl müssen sich die Ausländer der deutschen und einheimischen Kultur anpassen - und nicht umgekehrt!

Insbesondere muss die deutsche Sprache erlernt werden. Nur mit Hilfe der Sprache ist es möglich die Bräuche, Sitten und Traditionen des Landes zu verstehen und konstruktiv mit deutschen Bürgern zu debattieren. Kritiker lehnen Zwang durch eine Dominanzkultur oder Leitkultur ab.
Aber wie sonst sollte eine gelungene Integration aussehen? Wer sollte denn vorausgehen? Verfügen wir über andere realistische Pläne?

Ich glaube kaum.

Nachwort

In diesem Buch habe ich sowohl meine Erlebnisse als auch Erfahrungen meiner ausländischen und deutschen Freunde aus über 30 Jahren Leben in Deutschland zusammen-getragen, soweit es mir möglich war. Aufgrund der Geschehnisse der letzten Zeit habe ich mich bemüht, die aktuelle Weltsituation miteinzubeziehen, auf Fehler in der Vergangenheit bezüglich Integration hinzuweisen und versucht, auf die heutigen und zukünftigen Probleme aufmerksam zu machen.

Dabei ging es mir nie um mein persönliches Schicksal, denn sehr viele Ausländer mussten ähnliche Erfahrungen machen. Für mich war es an der Zeit, dass Deutschland auch den Stand der Dinge aus unserer Sicht erfährt. Von den lebhaften politischen Diskussionen der Alt-Ausländer bekommen die deutschen Mitbürger leider nur sehr wenig mit.

Sie können mir jetzt als Totschlagargument „Verallgemeinerung" um die Ohren hauen. Dennoch müssten Sie mir erstmal Ihren „richtigen" Weg aufzeigen. Bei aller Neutralität ist es fast unmöglich, alles differenziert zu betrachten.

Einzelfallentscheidungen und Differenzialbetrachtungen sind nicht sehr hilfreich, weil wir – wie bis jetzt geschehen - nur auf derselben Stelle treten. Damit wir endlich „zu Potte kommen" und letztlich die passenden Antworten auf unsere gesellschaftlichen Probleme geben können, ist es an der Zeit, „Political Correctness" kurz zur Seite zu legen und uns nicht ständig in Einzelheiten zu verstricken.

Wir brauchen eine gedankliche Entschlackung, damit wir uns wieder zutrauen, Visionen zu erarbeiten, die Aussicht auf Erfolg haben. Ansonsten stehen wir uns immer wieder nur selbst im Weg.

Diese Zeit haben wir leider nicht zur Verfügung.
Deutschland braucht vor allem Zeit, um seine Integrationspolitik aufzuarbeiten und neue Wege zu finden. Diese Zeit muss es sich nehmen. Die Alt-Ausländer, so meine ich, wären gewillt mitzuhelfen. Voraussetzung dabei ist, dass die angebotenen Lösungen ebenso in ihrem Sinne sind. Leider haben aber viele Ausländer den Eindruck, dass die deutsche Führung um sie herum Politik betreibt, aber nicht aktiv für sie. Deshalb engagieren sich so wenige Ausländer in der deutschen Politik, weil sie sich schon länger vernachlässigt fühlen.

Deutschland kann nicht gegen den Strom schwimmen, wenn man sich die Weltlage vor den Augen hält. Das Gebot des Realismus müsste Deutschland dazu bewegen, seine Pläne und Ansichten zu modifizieren bzw. zu überdenken, falls es die Zustimmung der Mehrheit seiner Bevölkerung haben möchte. Ansonsten werden immer mehr Risse in unserer Gesellschaft zu beobachten sein, die nicht mehr gekittet werden können.

Ich möchte mir nicht anmaßen zu behaupten, dass ich Lösungen für eine gelungene Integration in Deutschland wüsste. Aber ich darf mir anmaßen zu behaupten, wie es *nicht* funktioniert.

Vor allem stehe ich nicht in Verantwortung und bin ebenso wenig Experte für Integration. Ich möchte mit diesem Buch lediglich die Chance nutzen, meinen deutschen Mitbürgern und dem deutschen Staat ein Feedback zu geben. Ich als Alt-Ausländer und deutscher Bürger sah es irgendwie als meine Pflicht an, auf ein schwelendes Problem in unserem Zusammenleben hinzuweisen.
Man kann nicht nur einfach die Arme verschränken und meckern und motzen. Mit diesem Buch möchte ich meinen Beitrag dazu leisten, dass wir über neue Visionen nachdenken und uns von falschen Illusionen verabschieden.

Falls es Menschen gibt, denen ich in diesem Buch auf den Leib gerückt bin, möchte ich mich hiermit bei Ihnen entschuldigen. Das war nie meine Absicht!

Ich bedanke mich für ihre wertvolle Lebenszeit, welches Sie diesem Buch gewidmet haben und hoffe, dass Sie mit anderen Augen die Debatten um die Integrationspolitik von nun an verfolgen.

Bleiben Sie mir gesund! In diesem Sinne...